비주얼로 살아나는 김구

비주얼로 살아나는 김구

#독립운동
#임시정부
#광복

권동현(비주얼스토리텔러) 지음
뿌리깊은 역사나무 감수

코알라
스토어

프롤로그

백범김구
白凡金九

한 평생을 오로지
대한 독립을 위해서만 살았고,
가장 낮은 신분에서
민족의 지도자가 되다.

한눈에 보는 위인의 삶

「인포그래픽 인물시리즈」는 우리나라 대표 위인의 삶을 한눈에 볼 수 있도록 그림으로 요약한 책이다. 한 분야에서 큰 업적을 이룬 사람들이 오랜 시간 우리 마음속에 남아있는 이유는 분명히 있을 것이다. 태어날 때부터 비범한 재능이나 특별한 능력이 있어서 큰 업적을 이뤘다기보다는 끊임없는 도전과 노력 그리고 시련 속에서도 묵묵히 자신의 길을 걸어간 사람들이 빛을 발한 것이다. 이들의 이야기가 오랜 시간 많은 이들의 가슴을 뜨겁게 한 이유도 이와 같다고 생각한다. 과거의 인물이라 해도 위인이 걸어간 행보는 현대를 살아가는 우리에게 큰 영감과 교훈을 준다. 앞으로 수없이 다양한 길을 걸어갈 아이들에게 위인들의 포기하지 않는 정신과 지혜를 선물하고자 하는 마음에서 위인전을 만들게 되었다.

기존 위인전의 학습만화 방식에서 벗어나 일러스트와 비주얼로 위인의 삶을 새롭게 조명해 보고 싶었다. 따라서 이 책은 일러스트를 통한 한 사람의 드라마에 초점이 맞춰져 있다. 두 페이지에 걸친 큰 그림은 전체의 흐름을 쉽게 이해할 수 있도록 돕고, 당시 시대적 상황과 주변 나라 및 인물들을 입체적으로 폭넓게 파악할 수 있도록 할 것이다.

「인포그래픽 인물시리즈」에서 조명하는 두 번째 인물은 겨레의 큰 스승인 '백범 김구' 선생이다. 이순신 장군과 마찬가지로 김구 선생 또한 어렸을 때부터 능력을 타고나지도 않았고, 좋은 환경에서 호의호식하지도 못했다. 그는 오로지 자신의 신념과 노력, 그리고 끊임없는 용기로 투쟁을 이어갔으며, 결국엔 겨레의 큰 스승이 된 인물이다.

세상이 아무리 바뀌고 기술이 발전하여도 사람들은 여전히 위대한 고전과 역사에서 삶의 지혜를 얻는다. 과거에 살았던 위인들 역시 우리와 마찬가지로 삶에 대해 고민하고 선택했다. 그 선택이 실패이든 성공이든 현재를 살아가는 우리에게는 큰 지혜를 준다.

『비주얼로 살아나는 김구』 역시 마찬가지이다. 우리 민족이 가장 혼란했던, 격동의 시대를 살아간 김구의 일생을 따라가다 보면, 삶의 중요한 이정표와 결정들을 함에 있어서 큰 도움을 줄 수 있을 것이다.

2022년 5월,
비주얼스토리텔러 권동현

| 한눈에 보는 인물의 삶

김구의 일생

1876
출생

1894
19세
김창수

1910
35세
김구

1919
44세
백범 김구

1876
1세, 황해도 해주 출생
어린 시절 이름: 창암

1894
19세, 황해도 동학군 선봉장으로 해주성 공격

1896-1898
치하포 사건으로 사형선고,
고종 황제 특사로 형 집행정지
감옥에서 서양학문 공부
탈옥 후 삼남지방으로 피신
공주 마곡사의 승려가 됨

1900
25세, 이름을 창수에서 구(龜)로 바꿈

1910
35세, 신민회 참석

1911
안악사건(안명근 사건)으로 체포,
징역 15년 선고,
서대문 형무소 수감

1914
이름을 구(九)로 호를 백범(白凡)으로 바꿈

1919
중국 상하이로 망명
대한민국 임시정부 경무국장

1922
47세, 임시정부 내무총장
한국노병회 조직, 초대 이사장

1924
임시정부 노동국총판 겸임

1926
51세
백범 김구

1935
60세
백범 김구

1949
74세
백범 김구

1949
서거

1926
51세, 임시정부 국무령

1928
『백범일지』 집필 시작
미주 동포들에게 편지 보내기 실시

1931
한인애국단 창단

1932
이봉창, 일본 천황 히로히토에게 수류탄 투척
윤봉길, 상하이 훙커우 공원 의거
상하이 탈출, 자싱, 하이옌으로 피신

1934
난징에 한국특무대독립군 조직

1935
60세, 임시정부 국무위원
한국국민당 조직

1937
한국광복운동단체연합회 결성

1943-1944
장제스와 회담
임시정부 주석으로 재선
좌우합작 연합정부 수립

1945
70세, 임시정부, 독일 나치정부에 선전포고
한국광복군 OSS 훈련
국내 진입 작전 합의

1946
주한미군사령관 하지와 담판
남조선국민대표민주의원부의장
한국독립당 중앙집행위원장
한국독립당, 남한 단독정부 수립 반대담화 발표
'좌우합작 7원칙' 지지성명 발표

1947
건국실천원양성소 설치
『백범일지』 출간

1948
평양에서 남북연석회의 참석

1949
74세, 백범 학원, 창암 학교 개원
경교장에서 안두희 총격에 의해 서거

1876
조선의 문이 열리다

백범 김구 선생님이 태어난 해는 강화도조약으로 개항이 시작되던 해였습니다.
이 시기는 조선 말기 격동의 시대이기도 합니다.

오랜 세도정치와 삼정 문란으로 인해 백성들은 가난이라는 고통 속에 시달렸습니다.
조선 왕실은 백성을 위한 정치도 하지 않고, 빠르게 변하는 세계 정세에도 제대로 대처하지 못했습니다.
이러한 상황에서 조선을 호시탐탐 노리는 나라들이 늘어났습니다.

백성들과 지식인들은 혼란스러운 나라를 지키기 위해 여러 활동을 하기 시작했습니다.

1860s

1863 고종 즉위, 흥선 대원군 집권
세도 정치에 맞서 왕권 강화와 백성을 위한 개혁 정치

1866 병인사옥
최대 규모 천주교도 박해

1866 병인양요
천주교도 탄압을 명분으로 프랑스 함대가 강화도에 침범

1870s

1871 신미양요
1866년 제너럴셔먼호 사건을 계기로 조선과 통상요구

1880s

1881 별기군 창설
부국강병을 위해 창설된 신식 군대

1876 강화도조약·개항
일본의 군사력을 동원한 강압에 의한 불평등조약

1875 운요호 사건
일본이 조선을 침략하기 위하여 의도적으로 일으킨 포함외교*의 형태

*강대국이 무력으로 약소국을 굴복시키는 외교 정책

1882 조·미 수호통상조약
조선과 미국 사이에 맺은 통상조약

1882 임오군란
혼란스러운 사회 속에 급료가 밀리고 차별받던 구식군대가 주축이 되어 일으킨 난

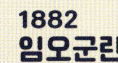

1883 상설조폐기관 전환국 설치
근대적 화폐제도 도입

1883 조·영 수호통상조약
조선과 영국 사이에 맺은 통상조약

1883 한성순보 발간
최초의 근대 신문

1883 사립 근대학교 원산학사 설립
최초의 근대적 교육기관

1883 보빙사절단, 보스턴 기술공업 박람회 참가
보빙사로 미국에 파견되어 보스턴과 뉴욕 시찰

1884 우정총국 설립
지금의 우체국

1884 조·러 수호통상조약
조선과 러시아 사이에 맺은 통상조약

1884 갑신정변
김옥균을 중심으로 급진 개화파가 개화사상을 바탕으로 조선의 자주독립과 근대화를 목표로 일으킨 정변

차례

1장 '호심인'이 되자!

황해도 해주, 시골마을의 개구쟁이	14
마음 좋은 사람 '호심인'이 되자!	16
안태훈 진사와 고능선 선생님과의 만남	18
청나라 여행을 통한 깨달음	21
열혈남아, 국모의 원수 처단	22
슬기로운 감옥생활	24
방황하던 김구를 잡아준 불교	26
서양의 교육을 통해 기독교를 만나다	27
을사늑약, 빼앗긴 조국	28
깨어나라! 나라를 구하는 교육	30
무단통치시대	32
지옥의 감옥생활	33
나라를 되찾기 위한 3.1운동	38
문화통치시대	43

프롤로그 4
김구의 일생 6
조선의 문이 열리다 8
차례 10

2장 항일운동

임시정부의 문지기가 되다	48
겨레의 큰 스승을 키운 어머니	55
한인애국단 이봉창, 윤봉길 의거	56
이봉창, 일본 천황에게 폭탄을 던지다	57
윤봉길, 일본 제국군의 심장을 저격하다	60
김구, 현상수배	63
위기의 상해 탈출	64
민족말살통치시대	66
전쟁의 시대	70
일본에 선전포고하다	76
왜적의 항복	83
슬픔과 감격의 귀환	84
분열의 시작	86
겨레의 큰 스승을 잃다	91

3장 더 알아보기

한 장으로 보는 인물 관계도	96
김구 가족	98
안태훈 가족	98
임시정부 주요 인물들	99
백범 김구 선생의 자동차	102
독립운동을 도와준 외국인들	103

연표 104

마음 좋은 사람 '호심인'이 되자!
얼굴 좋은 것이
몸 좋은 것만 못하고
몸 좋은 것이
마음 좋은 것만 못하다.

1장 '호심인'이 되자!

황해도 해주, 시골마을의 개구쟁이
마음 좋은 사람 '호심인'이 되자!
안태훈 진사와 고능선 선생님과의 만남
청나라 여행을 통한 깨달음
열혈남아, 국모의 원수 처단
슬기로운 감옥생활
방황하던 김구를 잡아준 불교
서양의 교육을 통해 기독교를 만나다
을사늑약, 빼앗긴 조국
깨어나라! 나라를 구하는 교육
무단통치시대
지옥의 감옥생활
나라를 되찾기 위한 3.1 운동
문화통치시대

황해도 해주
시골마을의 개구쟁이

아버지 김순영   어머니 곽낙원

1876

김구의 어릴 때 이름은 김창암으로
황해도 해주 백운방 텃골에서
아버지 김순영, 어머니 곽낙원의 외아들로 태어났습니다.
어머니는 너무나도 가난한 형편이라 아이를 가지려 하지 않았는데,
창암이 태어나면서 앞으로 창암을 어떻게 키울지 걱정이 많으셨습니다.
그래서 친척들을 찾아다니며 도움을 받을 수밖에 없었습니다.
어머니는 어렸을 때부터 고된 일로 고생을 많이 하셨지만,
부모님의 사이는 매우 좋았습니다.

'푸른 옷의 김구를 따라가 보자!'

1880

창암이 어렸을 때는
가난한 형편으로 인해,
할아버지의 형제들을 따라 이사를 다녔습니다.

어느 날 동네 아이들이 창암을 시골 출신이라고
이유 없이 때리기도 하였는데,
화가 난 창암은 아이들에게 복수할 계획으로
집에서 부엌칼을 가지고 쳐들어갔으나,
오히려 칼도 빼앗기고 형들에게 더 얻어맞았습니다.

개구쟁이였던 창암은 아버지의 숟가락을 부러뜨려 엿을 사 먹고,
빨래터에 어머니의 염색약을 풀어 사람들을 놀라게 하여
어머니에게 몹시 매를 맞고 혼이 나기도 했습니다.

1887-1891

창암은 집안 어른들이 갓을 쓰지 못하는 이유가
양반이 아닌데다 가난하기 때문이라는 사연을 듣고 양반이 되고 싶었습니다.
그래서 벼슬을 할 생각으로
아버지께 공부를 시켜달라고 간절하게 말씀드렸습니다.
아버지는 어려운 형편임에도 창암의 꿈을 위해
근처 동네에 있는 선생님을 모셔서
기본적인 것들을 배울 수 있게 하였습니다.

어느 날 할아버지가 돌아가시고
아버지마저 갑자기 뇌졸중으로 쓰러지신 후
거동이 불편해지셨습니다.
창암의 가족은 전 재산을 팔아
1년 넘게 전국의 용한 의사를 찾아다니다
고향으로 돌아왔습니다.

창암은 공부를 계속 하고 싶어
몇 시간 거리나 떨어진 먼 거리의 서당에 다녔습니다.
다른 아이들보다 빨리 배우는 덕에
창암은 아버지가 구해주신 책들을 통해
더 심도 있는 공부를 했습니다.

1892

공부에 자신감이 생긴 창암은
1892년 황해도 해주에서 열리는
과거시험을 보기 위해
기대를 품고 시험장에 도착했습니다.
하지만, 창암이 과거시험장에서 본 풍경은
참으로 말도 안 되는 풍경이었습니다.
돈 주고 과거시험 답안지를 얻는 사람,
시끌벅적하게 서로 답을 교환하는 사람 등
난장판이었습니다.
창암은 그 난장판인 과거시험장에서 시험을 치뤘고,
결국 과거시험에서 떨어졌습니다.
이에 창암은 지금까지 왜 공부를 했는지
회의감이 들 정도로 크게 실망했습니다.

창암은 과거시험을 포기하고
혼자 공부하기로 마음먹은 뒤, 여러 책들을 읽었습니다.
그러자 시골 동네에서 창암에게 글을 배우고자
아이를 데려오는 부모들이 줄을 섰습니다.

나라를 이끌어갈
인재를 뽑는 시험장에
이 무슨 난장판인가?

마음 좋은 사람 '호심인'이 되자!

창암은 아버지가 구해주신 책들을 통해 관상, 마음 공부를 하며 마음이 좋은 사람이 되기로 결심하였습니다.

마음 좋은 사람 '호심인'이 되자!
얼굴 좋은 것이 몸 좋은 것만 못하고
몸 좋은 것이 마음 좋은 것만 못하다.

호심인 好心人

1893

당시 동학이라는 종교가 유행하였는데,
홀로 공부하며 아이들을 가르치던 창암은 이상한 소문을 들었습니다.
동학의 교주는 신비한 능력이 있어서, 순간 이동도 할 수 있고, 공중으로 걸어 다닐 수 있다는 것이었습니다.
창암은 호기심을 느끼고 집을 떠나 동학교를 찾아갔습니다. 창암은 이름을 창수로 바꾼 뒤 동학에 가입하고, 열심히 공부하였습니다.
창수는 동학도들에게 능력을 인정받았습니다.
심지어 어린 창수가 신비한 능력이 있다는 소문이 나면서, 황해도에서 창수가 이끄는 동학도만 수천 명이 되었으며,
'아기 접주*'라는 별명도 얻었습니다.

1894년 가을, 창암은 동학군 총사령부에서 해주성을 점령하고
탐관오리와 일본군을 토벌하라는 명령을 받습니다.
창암의 부대는 황해도 지역 선봉장으로 나서게 됩니다.

*접주는 동학의 교구, 포교소의 책임자를 의미합니다.

1894

창수는 팔봉산 아래 산다고 하여 '팔봉도소'를 내걸고,
서양과 일본을 배척한다는 '척양척왜' 구호를 외치며 해주성 공격을 준비하였습니다.
해주성은 관군과 일본군이 지키고 있었지만, 창수의 부대는 동학군 중에서 강한 편이었습니다.
창수의 부대는 산포수 출신이 많았기에 총을 지닌 사람이 700여 명이나 되었습니다.
창수는 자신감을 가지고 해주성을 총공격하였으나,
일본군의 신식 무기의 위력을 본 동학군들은 모두 도망쳐버렸습니다.
이를 본 창수는 너무 화가 나서 제대로 훈련을 해야겠다고 생각하였습니다.
해주성에서 물러난 후, 산속에서 부대 규율을 만들고 훈련에 집중하였습니다.
하지만, 주변의 동학군들이 모두 관군과 일본군에게 소탕되고, 잡혀간 자들은 모두 사형되었다는 소문이 돌았습니다.
엎친 데 덮친 격으로 같은 동학군이었던 이동엽의 내부 공격으로 큰 피해를 입으며 어려움은 점차 커져갔습니다.
창수는 겨우 몸을 피해 몇 달간 숨어지내게 됩니다.

안태훈 진사와 고능선 선생님과의 만남

이 두 사람은 청년 김구(김창수)의
삶의 방향성에 큰 영향을 준 인물들입니다.

1895

안태훈

해주 지역 동학군을 지휘하던 창수는
관군과 일본군에 쫓겨 부모님이 계신 집으로 도망쳤습니다.
하지만 부모님께서는 일본군이 진을 치고
동학군을 수색하는 중이라
혹여나 창수가 붙잡힐까 매우 염려하셨습니다.
그래서 창수가 더 먼 곳으로 피해야 한다고 말씀하셨습니다.

이에, 창수는 동학군 지휘 당시 잠시 대립하였던
안태훈 진사*의 집으로 찾아가기로 마음먹었습니다.
지혜롭고, 인덕을 겸비한 안태훈의 인성을 믿고
용기를 내었던 것입니다.

그리고 천봉산을
넘어 청계동에 도착했습니다.

*진사는 조선시대때 큰 시험에
합격한 사람에게 주는 칭호입니다.

안태훈 진사는 진심으로 창수를 크게 반가워하고
극진히 대접하였습니다.
창수의 거처도 마련해 줬을 뿐만 아니라,
창수의 부모님까지 새로 마련한 집으로 안전히 모셨습니다.
이때 받은 은혜로 안태훈 진사의 가족들과 인연이 깊어졌고,
안태훈 진사의 가족들을 챙기며 계속 관계를 이어갔습니다.

안태훈 진사의 여섯 형제들은 항상 같이 모여
맛있는 것을 먹으며 이야기하고 시 짓기를 즐겼습니다.
그런 자리에는 창수를 초대하여 함께 이야기를 나누었습니다.

실패는 성공의 어머니요
고민은 즐거움의 뿌리다.

청계동

고능선

독립운동가
안중근

독립운동가
안정근

독립운동가
안공근

안태훈에게는 아들 셋이 있었습니다.
첫째가 바로 10년 뒤에 역사에 남을 큰 위인이 되는 안중근이었습니다.
안중근은 여러 군인들 중에서도 가장 뛰어난 사격술을 자랑했고,
사냥에서도 짐승을 백발백중으로 맞춰서 모두를 놀라게 하였습니다.
둘째 정근과 셋째 공근은 후에 김구와 함께 임시정부에서 활동하게 됩니다.

창수는 안태훈 진사의 집에 머물며 고능선 선생님을 알게 되었습니다.
스무 살이 된 창수는 선생님을 찾아가 진로 고민을 털어놓았습니다.
빛나는 눈빛을 가진 창수를 알아본 고능선 선생님은 기뻐하며 매일 이야기를 나누자고 하셨습니다.

고능선 선생님은 창수에게 말씀하셨습니다.
"마음 좋은 사람이 되려는 생각을 가졌다면 몇 번 길을 잘못 들어서서 실패나 곤란한 일이 있더라도,
그 마음 변치 말고 끊임없이 고치고 나아가라, 그러면 목적지에 도달하는 날이 반드시 있을 것이다.
지금은 마음에 고통을 가지는 것보다 행동하는 것에 힘써야 할 것이다.
실패는 성공의 어머니요 고민은 즐거움의 뿌리다."
마음의 위로와 감동을 받은 창수는 앞으로의 길에 대해 선생님의 말씀을 따라야겠다고 굳게 마음먹습니다.

스승
고능선

선생님은 아무리 뛰어난 재주와 능력이 있다고 해도 바른 사람이 돼야 한다는 점을 강조하셨습니다.
그리고 어떠한 일을 할 때는 항상 '판단' '실행' '계속' 의 세 단계로 일을 성취해야 한다고 하시며,
책에 따라 가르쳐주시기보다는 창수의 마음과 재능에 따른 맞춤 교육을 해주셨습니다.
또한, 창수에게 부족한 점이 결단성이라는 사실도 일깨워 주셨습니다.

고능선 선생님은 창수에게 모든 걸 걸고 실행할 수 있는 결단력이 중요함을 알게 해주셨습니다.

청일전쟁

1894년 동학농민운동이 발발하자,
동학군 진압을 위해 청나라는 한반도로 군대를 보냈습니다.
이에 일본도 텐진조약을 근거로 군대를 보내자,
일본과 청나라는 조선에서 영향력을 두고 대립하였고,
결국 '청일전쟁'으로 이어졌습니다.

선제공격에 나선 일본군은 청나라군을 연달아 물리치며,
만주까지 세력을 확대했습니다.
미국의 중재로 1895년 4월 일본과 청나라는 시모노세키에서
시모노세키조약을 체결합니다.

삼국간섭 1895

시모노세키조약 체결 직후,
도쿄 주재 러시아, 프랑스, 독일의 대표는
일본 외무성에게 일본이 차지한
랴오둥반도를 청나라에 돌려주고,
조선의 자주독립을
존중하라고 압박합니다.
이를 '삼국간섭'이라고 합니다.
그 이면에는 러시아, 프랑스, 독일이
동아시아의 이권을 차지하기 위한
목적이 깔려있었습니다.

당시 일본은
세 나라와 다툴 힘이 없었기 때문에
삼국간섭의 조건을 받아들였습니다.

을미사변 1895

삼국간섭을 통해 러시아가 일본을 견제하자
조선은 명성황후를 중심으로 러시아와 손을 잡고
내정간섭을 하던 일본을 몰아내고자 하였습니다.
위기감을 느낀 일본은 명성황후를 제거하고
조선 왕실을 위협함과 동시에
친일파 정권을 부활시키기 위한 속셈으로
일본 육군 중장 출신 미우라 공사를 파견하였습니다.

1895년 8월 20일, 미우라 공사는
서울에 주둔 중인 일본군과 낭인패를 모아
한밤중 경복궁에 난입하였고
고종과 세자를 위협하며 건청궁으로 쳐들어가
명성황후를 잔혹하게 시해하고 시체를 불에 태우는 만행을 저지릅니다.
백성들은 일본인들에게 국모가 살해당했다는 사실을 알고
울분을 토하며 전국적으로 의병을 일으켰습니다.

청나라 여행을 통한 깨달음

창수는 고능선 선생님과 현재 정세에 관해 이야기를 자주하였습니다.
선생님께서는 우리나라의 최고 지식을 가졌다는 학자들도 한탄만 하고 아무 행동도 하지 않는다고 안타까워하셨습니다.
"세상에 망하지 않는 나라는 없지만, 지금은 왜놈에게 우리나라가 망하게 되었다.
나라는 망하고 있는데, 정치인들은 러시아, 프랑스, 영국, 미국 혹은 일본과
친하게 지내며 자신의 자리만을 지키려는 생각뿐이다."

창수는 어찌하면 나라가 망하지 않게 할 수 있는지 물어보았습니다.
선생님은 지금 상황에서는 무조건 외세에 의존하지 않고
여행을 통해 견문을 넓히고
나중에 큰일을 함께할 인재를 찾아보길 바란다고 하셨습니다.

창수는 선생님의 말씀을 듣고,
여행자금을 마련하기 위해 타고 다니던 말을 팔아
김형진과 함께 청나라로 떠납니다.

"어찌하면 나라를 지킬 수 있겠습니까?"

"청나라를 살펴보고 나라를 구할 방법을 찾아보거라"

동료 김형진

경험을 쌓고 인재를 찾기 위해 청나라를 여행 중이던
창수는 청나라 군인 서경장을 만나게 되었습니다.
국모를 잃은 김창수와 청일전쟁으로 아버지를 잃은 서경장은
서로의 아픔을 공유하며 급속히 친해졌습니다.
함께 일본에 대한 복수를 다짐하고 창수는
서경장에게 '의병좌통령'이라는 직함을 받고
일본을 물리치기 위해 연합할 것을 약속받습니다.

청나라 군인 서경장

이후 청나라의 지원을 받으며
의병활동에 나선 의병장 김이언을 찾아갑니다.
김이언은 힘이 좋고 용기도 출중하며
머리도 좋은 자라는 소문을 들었기 때문입니다.
김이언과 함께 의병전쟁에 참여하였으나,
청나라 지원군만 믿으며 무모한 전투를 감행한 나머지
많은 이들이 다치거나 죽고 말았습니다.

의병장 김이언

창수는 김이언 부대의 패전 이후, 고향으로 돌아와
황해도 장연군 일대의 산포수들을 모아 의병부대를 조직하였습니다.
창수는 황해도 일대를 탈환하고 서울로 진격한다는 계획을 세웠으나,
일본군에게 발각되어 실행하지 못하였습니다.

김구와 김형진의 이동경로
— 1차 (1895.6-7)
⋯ 2차 (1895.9)

지도 출처: 백범기념관

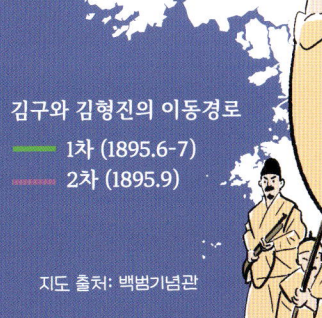

열혈남아, 국모의 원수 처단

1896

청일전쟁의 승리로 조선 정부는 일본의 의도대로 개혁을 추진했습니다.
그 중 머리를 짧게 깎는 '단발령'의 시행은
부모가 물려주신 신체를 소중히 하는 조선인들에게 큰 반발을 불러왔습니다.
명성황후의 시해와 단발령에 분노한 백성들은 일본인들의 집을 부수고, 때려죽였으며,
충청도, 전라도, 경상도 삼남지방에서는 의병이 봉기하였습니다.

1896년 2월
(김창수 21세)
안악군 치하포

창수는 치하포 주막에서 옷 아래로 칼집이 보이는 수상한 자를 발견하고는 생각했습니다.
'굳이 일본인인 것을 숨기며 조선인으로 위장한 것이 혹시 국모를 시해한 미우라의 일행이 아닐까?'
창수는 그가 미우라가 아니라도 일본군일 것이라 생각하였고
저놈을 죽여서라도 국가의 치욕을 씻어 보겠다고 다짐하였습니다.
창수는 크게 호령하며 맨손으로 칼을 찬 일본인과 있는 힘껏 사투를 벌였습니다.

창수는 시체 위에 살해 이유와 집 주소,
자신의 이름을 쓰고 길거리에 붙였습니다.
그리고 청나라에 방문했을 때
서경장에게 받은 의병좌통령 임명장도
사람들에게 내보였다고 합니다.

"이놈들!
나는 일개 시골의 천민이나, 신하된 백성으로서 국모가 살해당하는 수치를 당하고
푸른 하늘 밝은 해 아래 내 그림자가 부끄러워 칼을 찬 왜놈을 한 명 죽였소!
나라의 원수도 갚지 못하고 작은 부귀영화를 누리고자 임금을 섬기시오!?"

역사적인 재판장

김창수가 국모의 복수를 했다는 치하포 사건의 재판을 보기위해 여기저기서 사람들이 몰려왔습니다.
그 인파는 재판장을 가득 채우고도 넘쳤습니다.
창수는 당시 감옥에서 장티푸스에 걸려 곧 죽을 사람의 모습을 하고 있었지만,
재판장에서 그가 보여준 당당함과 패기는 모두를 놀라게 하였습니다.
창수는 재판관들 앞에서 재판장이 날아갈 정도의 쩌렁쩌렁한 큰 목소리로 관료들을 꾸짖었습니다.

슬기로운 감옥생활

감옥에서 할 수 있는 건 공부뿐이다.

창수는 감옥에서 대학, 세계 역사, 세계 지리, 태서신사 등 책을 통해 서양 근대 문물을 접하게 되었습니다.
서양은 좋은 법을 만들어 사람이 살만한 세상을 만들어가고 있다는 깨달음을 얻고, 그들에게 이로운 것이라면 우리도 배워서 실천해야겠다고 생각했습니다.
감옥에서 죄수들에게 글도 알려주고 함께 공부하는 분위기를 만들었습니다.

사형을 앞둔 창수는 여느 때와 같이 평안한 모습이었습니다.
동료 죄수들은 사형 집행 시간이 임박했음에도 불구하고 평소와 똑같이 생활하는 창수를 보고 정말 특이하고 대단한 사람이라고 생각하였습니다.

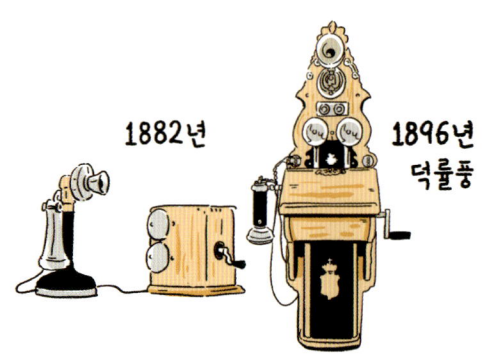

서울에서는 전화기를 사용한 지 오래되었으나 서울이외 지역에 장거리 전화가 개통된 것은 인천이 처음이었습니다.
김창수의 사형 3일 전 인천에 전화가 개통되었습니다.
사형 전날 고종 황제의 명령이 전화로 전달되어 창수는 사형을 면하게 됩니다.

후에 김구는 생명을 구한 날을 잊을 수 없었는지, 『백범일지』에 이 기록을 상세히 적었습니다.

창수는 현재 우리나라의 상황을 설명하고
감옥에서 억울한 누명을 쓴 죄수들의 이야기를 자세히 들어주고
재판에 이기도록 도와주는 일도 하였습니다.
그래서 죄수들 사이에서도
똑똑하고 의젓한 창수는 인기가 많았습니다.

김 선생은 우리와는 달라. 훌륭한 사람이야.

슬기로운 감옥생활

어느 날 신문에 김창수의 치하포 사건을 다루면서,
창수로 인해 인천 감옥은 학교가 되었다는 기사가 실렸습니다.
창수는 죄수와 관리들이 모두가 존경하는 사람으로
인천 감옥의 왕이 되었습니다.

조력자
김경득

고종 황제가 김창수의 사형을 정지해 주긴 하였지만,
창수는 감옥에서 나올 수 없었습니다.
또한 창수의 석방을 위해 노력하는 사람들이 많았는데,
그 중 김경득은 자신의 전 재산까지 써가며
창수의 무죄 소송을 진행하였습니다.
인천에 있는 사람들도 창수의 사연을 알고 안타까워했습니다.

나라를 위해
아무것도
하지 못하고
여기서 일본놈들에게
갇혀만 있다니...
얼마나 억울한가...

모두 몸 조심하시오!

김 선생 잘가시오!

1898

김창수는 왜놈들에게 잡혀
감옥에서 일생을 마칠 수 없다고 생각하고
탈옥을 결심합니다.
창수는 여러 사람의 도움으로
탈옥에 성공합니다.

방황하던 김구를 잡아준 불교

1899
마곡사에서의 승려 생활

창수는 여러 지방으로 도피하며 방황하다가 공주 마곡사에서 '원종대사'라는 스님이 되어 속세를 벗어나 학문에 임하며 자신의 마음을 낮추는 연습을 합니다.

더 깊은 공부를 하기 위해 마곡사를 떠나 금강산으로 향했습니다.

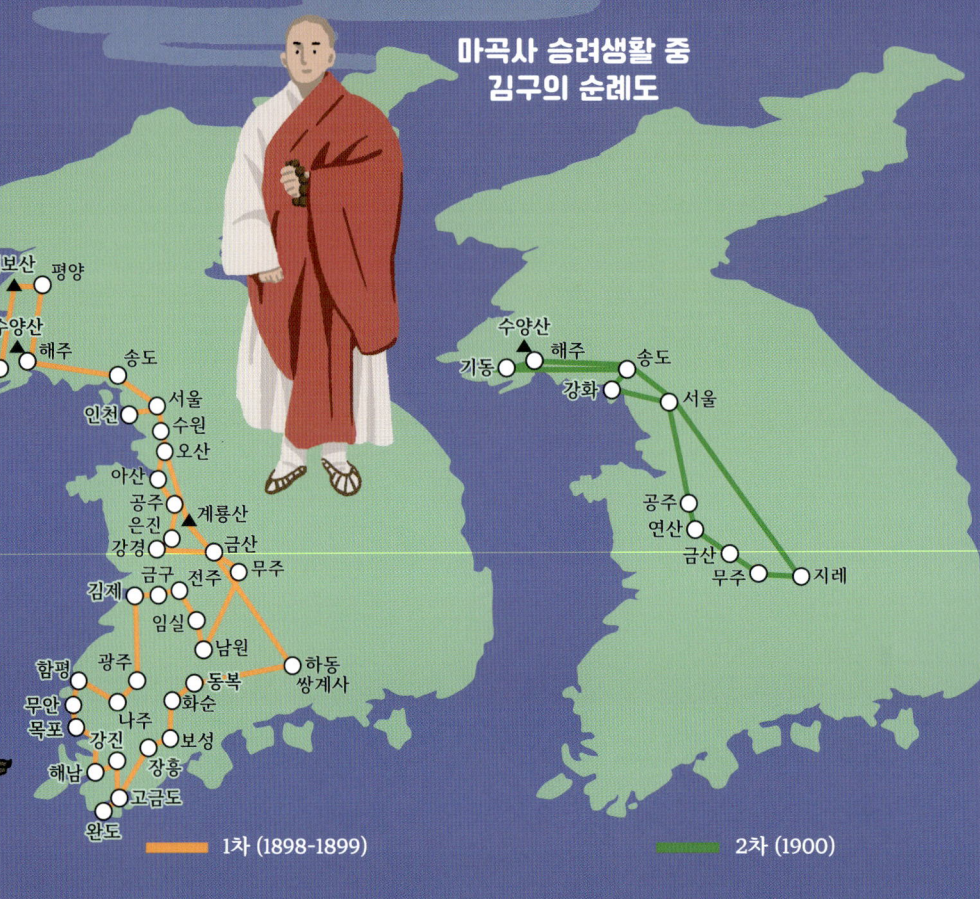

마곡사 승려생활 중 김구의 순례도

1차 (1898-1899) 2차 (1900)

창수는 승려로서의 생활도 잘 해 나갔으나, 아직 세상을 떠나 산에서 수행만 하며 살고 싶은 마음은 없었습니다. 다시 고향으로 돌아오자 작은아버지는 창수에게 딴 생각 하지 말고 평범하게 부모님과 함께 농사지을 것을 권유합니다.

협력자 유완무

1900
'창수에서 김구로'

창수는 탈옥범의 신분이기 때문에 '김두래'라는 가명을 쓰고 아이들을 가르치는 훈장이 됩니다.
이때 나중에 독립운동을 하는 여러 동지들을 만나게 되었는데, 그 중 유완무의 권유로 이름을 '구(龜)'로 고쳤습니다.

서양의 교육을 통해 기독교를 만나다

당시 기독교는 신교육을 활발히 보급하였습니다. 이에 김구는 황해도 신천의 우종서 목사의 권유로 기독교로 개종하여 신교육을 접하며 교육자의 길을 걷습니다.

1901
몇 년만에 만난 아버지는 병세가 위중하셨습니다. 가난한 집에서 좋은 약은커녕 좋은 음식도 드릴 수 없었습니다. 결국 아버지는 세상을 떠나고 맙니다.

1902
김구는 자신의 배우자 조건을 정합니다.
1. 재산을 따지지 않는다.
2. 학식이 있어야 한다.
3. 자유연애를 해야 한다.

약혼자 여옥

소개받은 '여옥'과 약혼합니다.

1903
결혼을 약속한 여옥이 병으로 세상을 떠납니다.

평양 예수교 주최 사범학교에서 최광옥의 소개로 안창호의 여동생인 '안신호'와 약혼하였으나 이별하게 됩니다.

독립운동가 안창호

계몽운동가 최광옥

약혼자 안신호

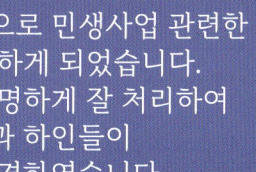

군수의 초청으로 민생사업 관련한 일을 맡아서 하게 되었습니다. 모든 일을 현명하게 잘 처리하여 동네 농부들과 하인들이 그를 매우 존경하였습니다. 이후 뽕나무* 묘목을 관리하는 종상위원으로 임명되었습니다.

*뽕나무는 예전부터 활용가치가 높아 귀중하게 여겨지는 나무로 뽕나무 관리는 중요한 직책이었습니다.

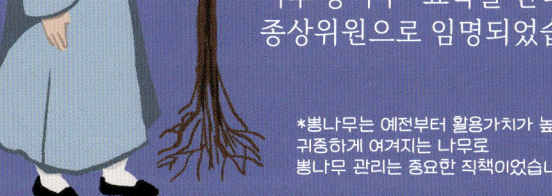

동학

불교

기독교

김구는 최제우의 동학, 석가의 불교, 예수의 기독교를 모두 공부합니다.

을사늑약, 빼앗긴 조국

1904
김구는
예수교회의 여학생이었던
'최준례'와 약혼합니다.

아내
최준례

1905
김구가 서른 살이 되던 해 11월에 을사늑약이 체결됩니다.
나라를 빼앗긴 분노에 사방에서 의병들이 들고 일어났습니다.
을사늑약에 저항한 이 의병활동을 '을사의병'이라고 부릅니다.

김구는 교육가로서의 면모를 살려 애국운동에 힘을 보탭니다.
사람들에게 지금의 현실이 어떠한지를 알리고자 했습니다.
'에버트 청년회' 총무 자격으로 전국 대회에 참가하여
공개연설을 하며 구국운동을 진행했습니다.
후에 헤이그 특사로 파견되는 이준 등과 함께
상소를 올리고, 종로에 가서 시위에 참여하기도 하였습니다.

구국운동 전개

신교육

1906

여러 사람의 도움으로 장련에 광진학교를 세우고
황해도 문화군의 서명의숙에서 교사생활을 하며
신교육활동에 매진합니다.

첫 딸이 태어났으나
1년 뒤 1907년
세상을 떠났습니다.

조력자
오인형

1904 한·일 의정서 강제 체결
군용지 사용을 명목으로
대한제국을 일본의 세력하에 넣으려고
체결한 외교문서

1904-1905 러·일 전쟁
러시아와 일본이
만주와 대한제국의 지배권을 두고 벌인 전쟁

1905 을사늑약
일본이
대한제국의 외교권을
박탈하기 위해
강제로 체결한 조약

1907 헤이그 특사 파견
네덜란드 헤이그에서 열린
만국평화회의에
을사늑약의 부당함을
알리기 위해 파견

1906 대한 자강회 결성
국민교육 강화와
국력을 키우기 위한
민중계몽 단체

1906 통감부 설치
일본이 을사늑약 후
대한제국의 통치권을
장악하기 위해
설치한 감독기관

1905 을사의병
을사늑약의 부당함에 대항하고
자주권 수호를 위해 봉기한 의병

1907 고종 황제 강제 퇴위
헤이그 만국평화회의에
밀사를 파견했다는 이유로
일본은 황제 폐위를 단행

1907 군대해산
일본에 의하여 대한제국 군대 강제 해산

1907 신민회 설립
국내에서 결성된 항일 비밀결사

1907 5적 암살단(자신회) 결성
을사늑약 체결에 협조했던 5인을
처단하기 위한 항일단체

1907 정미의병
고종 강제 퇴위와
군대 해산을 계기로 확대된 의병전쟁

1907 국채 보상 운동 시작
경제적 주권 수호 운동

1908 의병, 서울 진공 작전
전국 1만여 명의 항일 의병들이
서울로 진격하여 일본을 몰아내고자 했던 작전

깨어나라!
나라를 구하는 교육

양반도 깨어라!
상놈도 깨어라!

오메.. 황제 폐하가 갑자기 나타나셨다!

1909
안중근, 이토 히로부미 저격
조선 침략의 주범인 이토 히로부미를
하얼빈 역에서 처단

1909
기유각서
대한제국의 사법권 및
감옥 사무의 처리권을
일본 정부에 위탁하는 각서

1909
일본의 '남한대토벌작전'
한반도 남부 지방 의병에 대한
대대적인 토벌작전

1907

여름에는 사범강습회를 성황리에 개최하고
양산 학교에서 소학부 수업을 담당합니다.
같은 해 가을에는 황해도의 교육자들과
'해서 교육 총회'를 조직하고 백범은 학무 총감이 됩니다.

해서 교육 총회 학교 설립도

○ 평양　사범강습 참여

○ 남포　에버트 청년회 총무

환등회 개최　○ 안악　양산학교 교사
　　　　　　　　　양산학교 하기사범강습소 개최
　　　　　　　　　안산학교 설립

○ 송화　○ 문화　○ 재령　보강학교 교장
　　서명의숙 교사　　　　환등회 개최

○ 장연
학교설립
공립학교 교사　　○ 해주　환등회 개최

○ 배천　교육사업 장려

1909

김구는 해서 교육 총회의 학무 총감으로 활동하며
황해도 각 군에서 환등회와 강연회를 개최합니다.

환등기는 이미지로 정보를 전달할 수 있는 기계입니다.
이로써 우리도 교육을 통해 발전할 수 있다는
희망을 전달하며 계몽운동을 펼쳤던 것입니다.
환등회는 남녀노소 수천 명이 참여해 성황을 이루었습니다.

김구가 있던 학교에 찾아온
독립운동가 '나석주'와 '이재명' 등을 만나
독립투쟁에 대한 이야기를 나눕니다.

서울

1910

김구의 둘째 딸 화경이 태어났습니다.

김구는 신민회에 소속하여 활동하기도 하였습니다.
그 해 11월, 양기탁의 집에서 개최된 신민회 회의에서는
'서울에 도독부 설치', '만주 이민',
'문관학교 창설' 등이 이야기됐습니다.

무관학교 설립 군자금을 모집하던
안창호 사촌 동생인 안명근이 조선총독부에 체포됩니다.

1910s

1910
국권피탈
경술국치
일본에 의해 국권을 상실한 날

 안창호
 양기탁
 최광옥
 김홍량
 이동녕

무단통치시대

1910년 8월 29일 경술국치이후부터 1919년 3.1 운동까지

무단통치는 1910년 경술국치(국권피탈)이후부터
1919년 3.1 운동까지 일본이 조선을 통치한 방식입니다.
무단통치의 무단은 무력을 사용하여 통치한다는 의미로,
무단통치 시기는 일본군이 한반도에 주둔하며,
무력을 통한 식민 지배를 행했던 시기를 말합니다.
1919년 3.1 운동으로 인해, 무단통치의 효과가 떨어짐을 알고, 문화통치로 전향되었습니다.

1.일본의 헌병경찰이 한반도에 주둔.

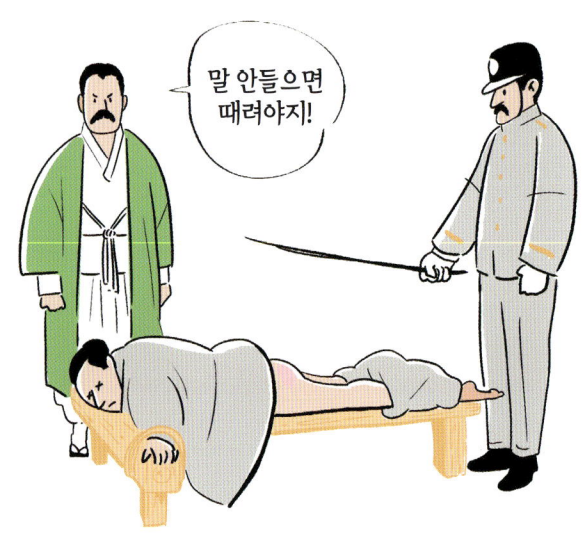

2.조선 태형령과 같이, 무력으로 한반도를 지배하려 했던 통치 기간.

3.무단은 폭력을 나타내는 무단(武斷).

4.선생님이 칼을 차고 수업.

지옥의 감옥생활

안명근
독립운동가.
독립운동 군자금을 모으던 중
안악사건과 105인사건의 주모자로
10년 동안 복역하였습니다.
안중근 의사의 사촌동생입니다.

1911

안중근이 이토 히로부미를 사살한 일로 일본은 화가 났습니다.
마침 국내에서 군자금을 모으던 안명근이 조선총독부에 들키자,
일본은 사건을 조작하여 관련자와 연관된 사람들을 대대적으로 체포하였습니다.
김구는 안명근과의 친분, 신민회 당원이라는 이유로 일본 경찰에게 체포되어 서울로 끌려 왔습니다.
조선총독부 임시 유치장에서 일본 경찰들에게 혹독한 고문을 당하게 됩니다.

어머니와 아내는 김구가 걱정되어 갇힌 곳마다 따라다녔습니다. 그들은 가진 돈을 다 써서라도 감옥에 먹을 것을 넣어주셨습니다.
김구, 안명근 등 신민회 관련 인물 105명은 모두 유죄 판결을 받게 되는데, 그 중 김구는 15년이라는 큰 형량을 선고받습니다.

'천장에 매달고 세놈이 돌아가며 매와 몽둥이로 무수히 난타하였다.'
『백범일지』 中

"나는 네가 경기도지사를 한 것 보다
더 기쁘게 생각한다.
우리는 잘 있으니 걱정하지 말고
너의 몸만 잘 지키기 바란다."

김구는 어머니의 강인한 모습에 놀라면서도,
가슴 속으로 슬픔을 참았습니다.

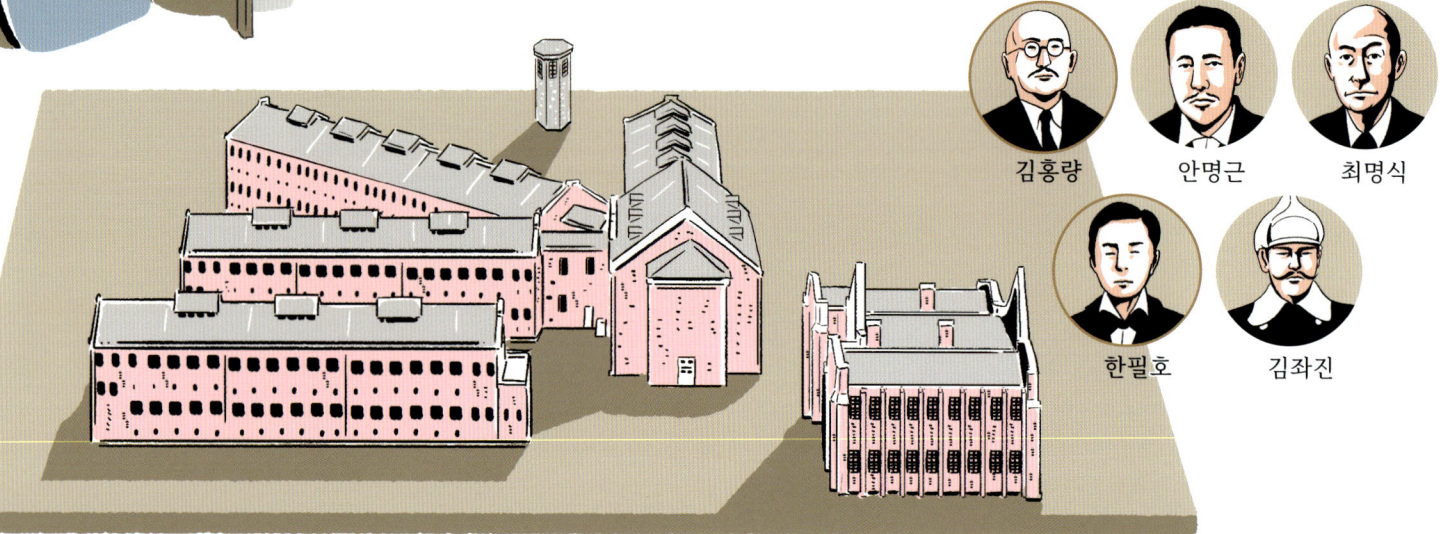

서대문 형무소

김구는 독립운동을 함께한 동지들과 함께 투옥되었습니다.
그는 죽지 않을 만큼의 혹독한 고문과 협박을 받으며 생활을 이어나갔습니다.
그러나 동지들과 함께 서로를 의지를 하며 버텨냈습니다.
김구는 처음에는 10년 이상의 형량이면 살아 남을 수 없다고 생각했지만,
감옥에 수감된 수많은 동지들과 버티며 마음은 점점 단단해지고 강해졌습니다.
또 한편으로는 일본은 결코 조선을 빼앗을 수 없다는 의지와 확신을 마음에 새겼습니다.

1912

감옥생활은 지옥이었습니다.
여러 명이 한 방에 지내며,
겨울에는 혹독한 추위로 인해 손과 발이 동상에 걸렸고,
무더운 여름에는 악취와 세균 감염으로 고생했습니다.
특히 여름에 가장 많은 사람들이 죽어나갔습니다.
간수들은 여름에는 더 덥게 하기 위해 문을 닫고,
겨울에는 더 춥게 하기 위해 문을 열었습니다.
감옥 곳곳에서 간수들의 체벌로 비명소리가 끊이지 않았습니다.
김구는 약 184cm정도의 건장한 체격을 갖췄는데,
건강한 신체 덕분에 혹독한 고문과 감옥생활도
견딜 수 있었다고 『백범일지』에 남겼습니다.
다행히도 일본 천황의 사망으로 김구의 형량은 15년에서 7년으로 감형되었습니다.

白凡 金九
흰 백 무릇 범 쇠 금 아홉 구
백범 김구

1914

김구는 오랜 시간 감옥에서 보내며, 감옥을 나가게 되면
일제의 통치 아래 어떻게 살아갈지를 깊이 고민했던 것으로 보입니다.
7년형에서 5년형으로 감형이 이루어지자,
세상 밖으로 나가 식민지 백성으로 사는 삶에 대한 걱정이 더 커졌습니다.
그럴 때마다 김구는 다시금 온전히 정신을 다잡으려 노력했습니다.

일제 통치에서 과거 기록 추적을 피하기 위해서
이름의 한자를 '거북 구(龜)'에서 '아홉 구(九)'로 바꾸었습니다.
그리고 호를 우리나라 모든 사람들이
애국심을 가지고 완전한 독립 국민이 되길 바라는 마음에
가장 낮고 평범한 사람이란 의미의
'백범'으로 고쳤습니다.

김구는 우리나라가 독립 정부를 건설하면
그 집의 마당을 쓸거나,
창문을 닦는 일이라도 해보고
죽게 해달라고 기도하였습니다.

김구는 서대문 형무소에서 인천 감옥으로 이감되었습니다.
매일 철사로 묶인 채 인천항을 짓는 강제 노역에 동원되었습니다.
어느 날 무거운 돌을 나르다가
노역장에서 떨어져 스스로 목숨을 끊을까 생각하지만,
다시 마음을 고쳐 살아가기로 마음먹습니다.

1915

다행히도 어느 무더운 여름날 김구는 가석방으로
감옥을 나오게 되면서 남은 형량을 집에서 보낼 수 있게 되었습니다.
하지만, 감옥에서 나와 처음 들은 소식은
둘째 딸 화경이 출소 3~4달 전에 세상을 떠났다는 소식이었습니다.

다섯 살 가량되는 아이가 자신이 죽는다는 사실을
감옥에 계신 아버지가 알면 더 힘들 것이기에,
아버지에게는 말하지 말라며, 세상을 떠났다고 합니다.

김구는 아내가 있는 안신학교로 가서 생활합니다.

1916

아내가 계속하고 싶어 하던 공부도 못하고 어렵게 키운 딸마저 세상을 떠나보냈으니,
김구는 자신 때문에 힘들게 지낸 어머니와 아내에게 무척이나 미안한 마음이 들곤 했습니다.
오랜 감옥생활로 많이 상한 몸과 두 딸을 떠나보낸 슬픈 마음을 추스리며,
어린 아이들을 가르치는 것으로 세월을 보내고 있었습니다.
가석방이 해제되고 셋째 딸 은경이 태어났습니다.
하지만, 셋째 딸마저 다음 해에 세상을 떠납니다.
김구는 아이들을 가르치며 김용진의 부탁으로
농장에서 농사 감독을 맡아서 하게 됩니다.

김구는 해마다 추수를 감독하고 살펴본 뒤,
동산평의 농장으로 부임하기로 결정합니다.
동산평은 땅이 좋지 못하고
부정부패가 심하기로 유명하여,
가장 관리가 어려운 농장이었습니다.

1917

김구는 동산평 농장을 개선해 보겠다는 생각으로 관리하게 되었습니다.
그동안 악랄한 지주들에게 당하기만 했던 소작인*들의 피해를 해결하고,
더 나은 생활을 할 수 있도록 규율을 만들고 학교도 세웠습니다.
김구의 이러한 노력으로 농장은 개선되었고,
피해 받던 많은 소작인들은
근면 성실하게 일에 전념할 수 있었습니다.
그리고 42세 늦은 나이에
아들 김인이 태어납니다.

*소작인은
다른 사람의 땅을 빌려,
대가를 지불하고
농사를 짓는 사람을
말합니다.

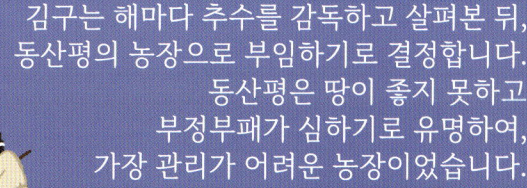

소작인 준수 규칙

1. 도박하는 소작인의 소작권은 허락하지 않음.
2. 아이를 학교에 보내지 않는 자는
   가장 좋은 논 두 마지기를 회수함.
3. 농업에 근면 성실한 자는
   조사하여 추수 시 상을 줌.

동산평 농장 농사 감독 김구

나라를 되찾기 위한 3.1 운동

1919

미국 월슨 대통령의 민족자결주의와 파리강화회의 소식은 독립운동가들에게 새로운 희망을 안겨주었습니다.

이에 먼저 나선 도쿄의 한인 유학생들은 1919년 2월 9일 도쿄 YMCA회관에 모여 독립을 선언하였습니다.

1919년 3월 1일
서울 종로 파고다 공원에 모인 학생들은 독립선언서를 발표하고 거리로 행진을 시작하였습니다.
거대한 대열과 환호 속에서 사람들은 자신감을 얻었고 서울 각 지역에서 만세 소리가 울려 퍼지게 되었습니다.

"조선은 독립국임과 조선인은 자주민임을 선언하노라!"

민족대표

천도교의 손병희 등 15인
기독교의 이승훈 등 16인
불교의 한용운 등 2인

**조선은 독립국임을 선언한다.
우리의 독립은 아시아 평화와 세계평화로의 길이다.**

민족대표 33인은 시민과 경찰의 유혈 충돌을 최소화하기 위해 인사동 태화관에 모여 한용운이 독립선언문 대표 연설을 하고 만세 삼창을 부르고 일본 경찰에게 체포되었습니다.

조선독립만세!

서울이 총독부에 의해 통제되자,
학생들은 고향으로 귀향하며, 각 지역에서 만세운동이 더욱 확산되었습니다.
학생 중에는 18세 '유관순'도 있었습니다.
서울에서 혼신의 힘을 다해 만세운동에 참여한 그녀는
학교가 폐쇄되자 독립선언서를 가지고 고향으로 돌아가
가족 등 주변 사람들에게 서울의 상황을 알리고 만세운동을 시작하였습니다.

조선독립만세!

일본 경찰은 예상치 못한 대규모 시위에 당황하며,
일본인 깡패들과 함께 무차별 폭행과 체포 작전을 펼쳤습니다.
하지만, 사람들은 맞고 잡혀가면서도 '조선독립만세'를 소리 높게 외쳤습니다.
총독부는 확실한 제압을 위해 군대를 서울 시내에 투입하고 공포 분위기를 조성했습니다.

하지만, 10년간 일본이 행한 공포와 폭력의 무단통치 속에서도
조선인들의 참아왔던 독립에 대한 간절한 외침이 화산 폭발하듯 전국 각지에서 터져 나왔습니다.
일본 경찰과 군인들은 만세를 외치는 사람들을 때리고 칼로 팔을 자르고
불을 질렀지만 사람들은 더욱 크게 만세를 외쳤습니다.

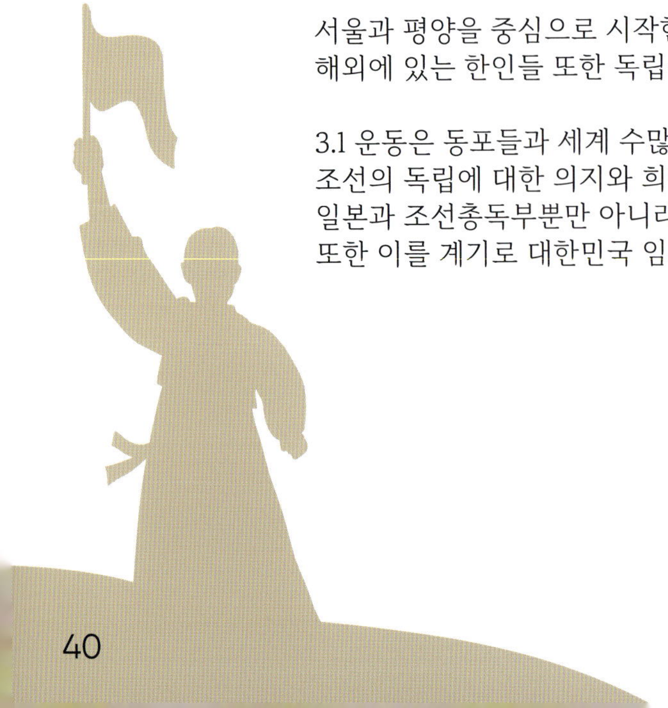

서울과 평양을 중심으로 시작한 만세운동은 전국으로 확대되었고,
해외에 있는 한인들 또한 독립운동을 위해 움직이고 있었습니다.

3.1 운동은 동포들과 세계 수많은 민족들에게
조선의 독립에 대한 의지와 희망을 보여주고
일본과 조선총독부뿐만 아니라 친일파들에게도 큰 충격을 주었습니다.
또한 이를 계기로 대한민국 임시정부가 탄생하게 됩니다.

가차없이 확실히 처단하라!

조선총독부 2대 총독
하세가와 요시미치
육군 대장 출신

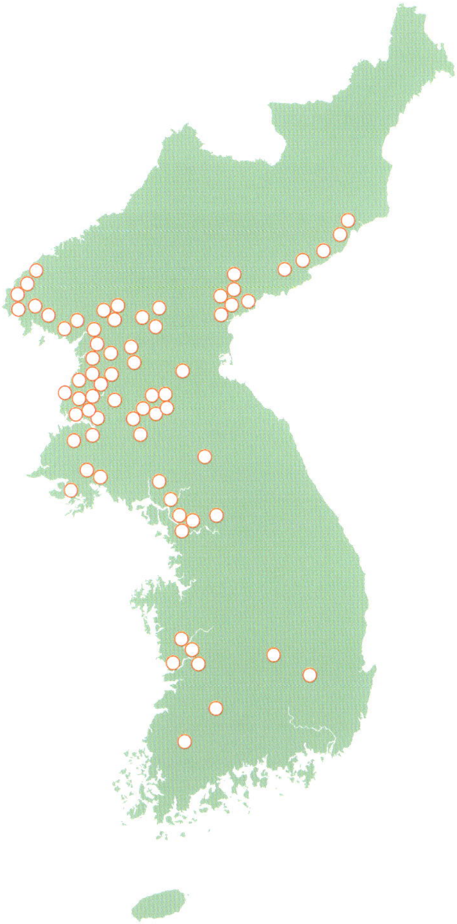

3월 1일-3월 10일
서울 및 북부지방 확산기

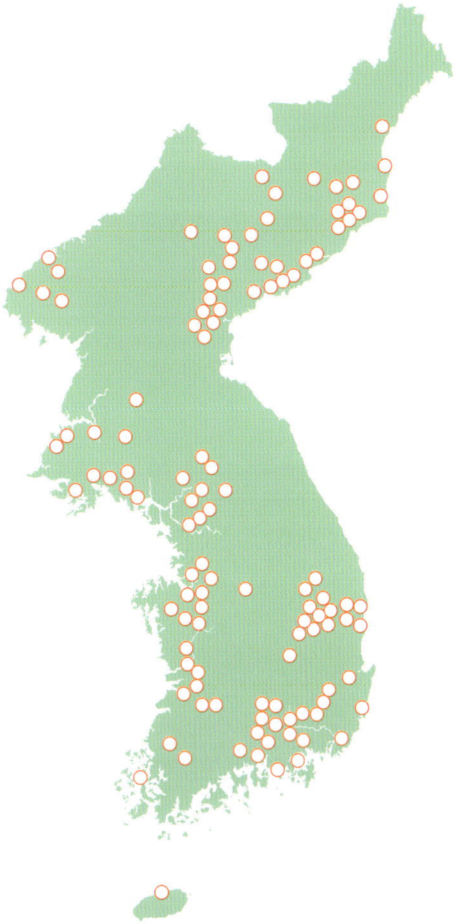

3월 11일-3월 20일
남부지방 확산기

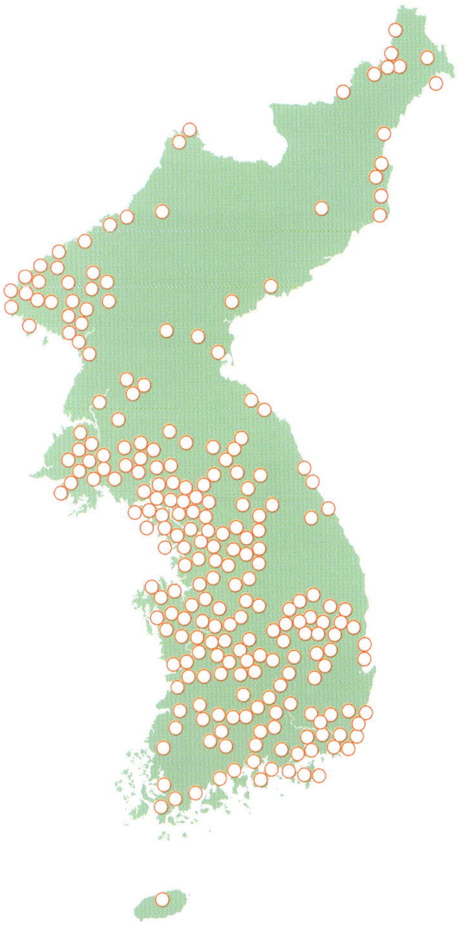

3월 21일-4월 10일
전국 삼일만세운동 절정기

전국 모든 곳에서 만세를 부르지 않는 곳이 없었고
해외에 있는 한인들 또한 모두 조국을 잊지않고 독립운동을 위해 움직이고 있었습니다.

3.1 운동의 규모와 피해

간도
51회
48,700명

함경도
101회
57,850명

평안도
315회
511,770명

황해도
115회
92,670명

강원도
57회
99,450명

경기도
303회
665,900명

충청도
156회
120,850명

경상도
228회
154,948명

전라도
222회
294,800명

사망자
7,509명

부상자
15,849명

수감자
46,306명

출처 : 박은식, 『한국독립운동지혈사』

문화통치시대
1919년 3.1 운동 이후부터 1931년 만주사변까지

1919년 3.1 운동을 계기로, 일본은 무단통치가 효과적이지 않다는 사실을 깨닫게 됩니다.
이에 일본은 문화통치로 통치방식에 변화를 줍니다.
문화통치란, 겉으로는 자치권 일부 부여, 언론 출판의 자유 보장 등으로
우리 민족을 인정하는 듯하지만, 친일 세력을 양성하여,
민족간의 분열을 일으켜 원활한 식민통치를 위한 통치방식입니다.

1. 헌병경찰이 보통경찰로 바뀜. 하지만 경찰의 수가 크게 늘어남.

2. 언론, 출판의 자유를 보장, 그러나 검열이 심각.

3. 민족간의 이간질 유도.

4. 조선총독을 군인이 아닌 문관으로도 임명 가능하도록 했지만, 실제로 이루어지지는 않음.

5. 쌀 수탈을 위해 생산력을 늘리는 산미 증식 계획 실시.

6. 회사를 설립하는 데 있어서, 제약을 뒀던 회사령 폐지.

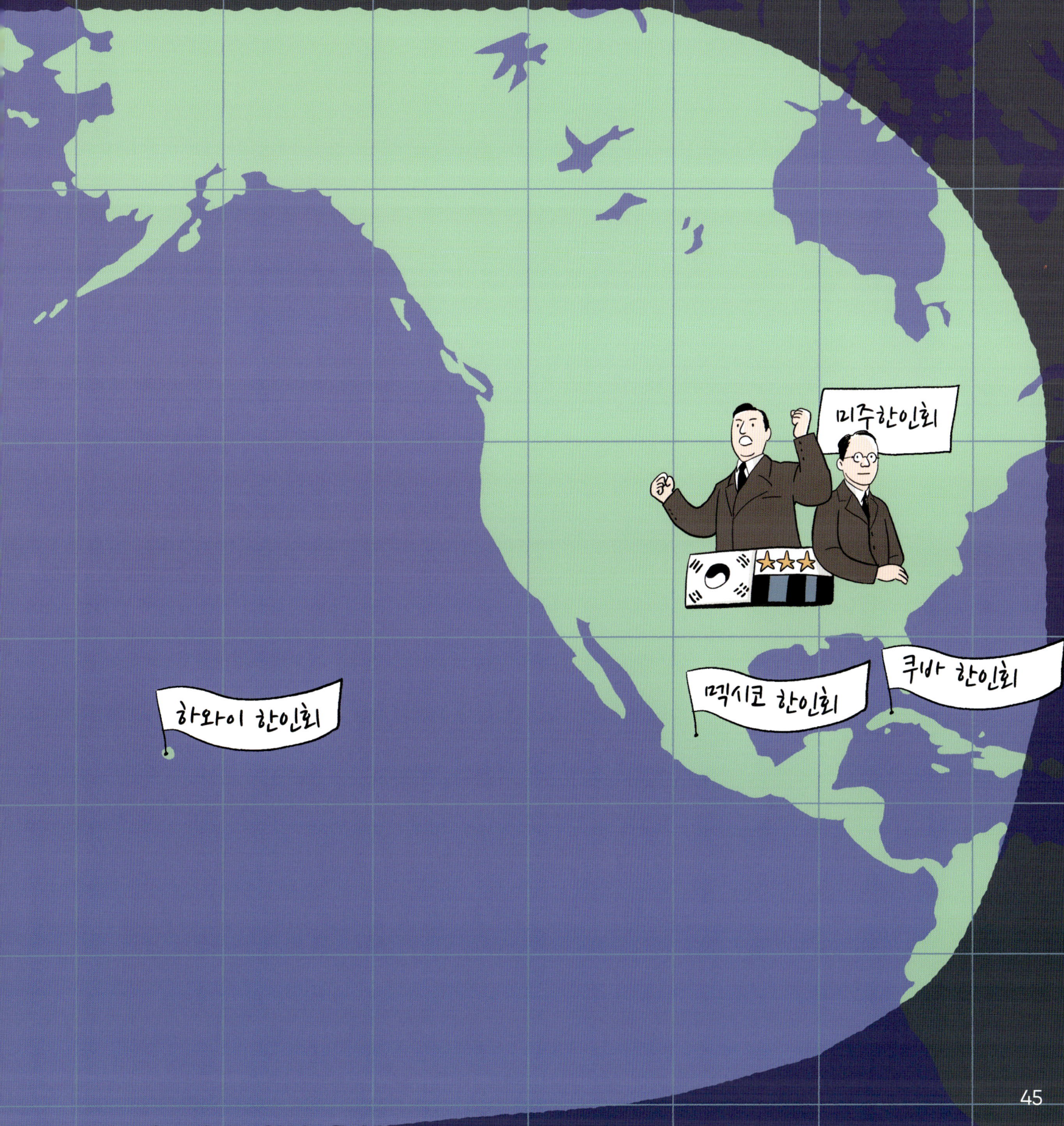

"뜻을 품으면 마침내 일을 이룬다."

2장 항일운동

임시정부의 문지기가 되다
겨레의 큰 스승을 키운 어머니
한인애국단 이봉창, 윤봉길 의거
이봉창, 일본 천황에게 폭탄을 던지다
윤봉길, 일본 제국군의 심장을 저격하다
김구, 현상수배
위기의 상해 탈출
민족말살통치시대
전쟁의 시대
일본에 선전포고 하다
왜적의 항복
슬픔과 감격의 귀환
분열의 시작
겨레의 큰 스승을 잃다

임시정부의 문지기가 되다

김구가 살던 안악에서도 만세운동이 한창이었습니다.
김구는 경찰들의 주요 감시대상이었기 때문에, 안악에서의 활동은 제약이 많았습니다.
본격적인 독립운동을 위해 상하이행을 결심하였고,
3월 29일, 약간의 여비만 챙겨 평양, 신의주를 거쳐 상하이로 망명하였습니다.

1919

상하이에는 한인이 500명 정도 있었는데, 대부분 독립운동을 목적으로
일본, 미국, 중국, 러시아 등에서 모여든 독립운동가들이었습니다.
상하이 임시정부에는 김구와 가깝게 지내던 이동녕, 이광수, 김홍서, 서병호 등이 참여하고 있었습니다.

독립운동가 안창호
독립운동가 이동녕
독립운동가 김홍서
독립운동가, 교육자 서병호
소설가 이광수*

*이광수는 이후, 변절하여 일본에 협력하는 작품을 남기게 됩니다.

중국, 상하이

임시정부를 위해서 작은 일이라도 돕고싶소! 문지기라도 시켜주십시오.

좋습니다!

김구   안창호

상하이 대한민국 임시정부 조직도
1919.9.

노동국총판 안창호

재무총장 이시영

교통총장 문창범

대통령 이승만

임시의정원 의장 손정도

외무총장 박용만

학무총장 김규식

국무총리 이동휘

참모국 참모 유동열

법무총장 신규식

경무국장 김구

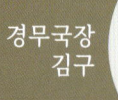
내무총장 이동녕

군무총장 노백린

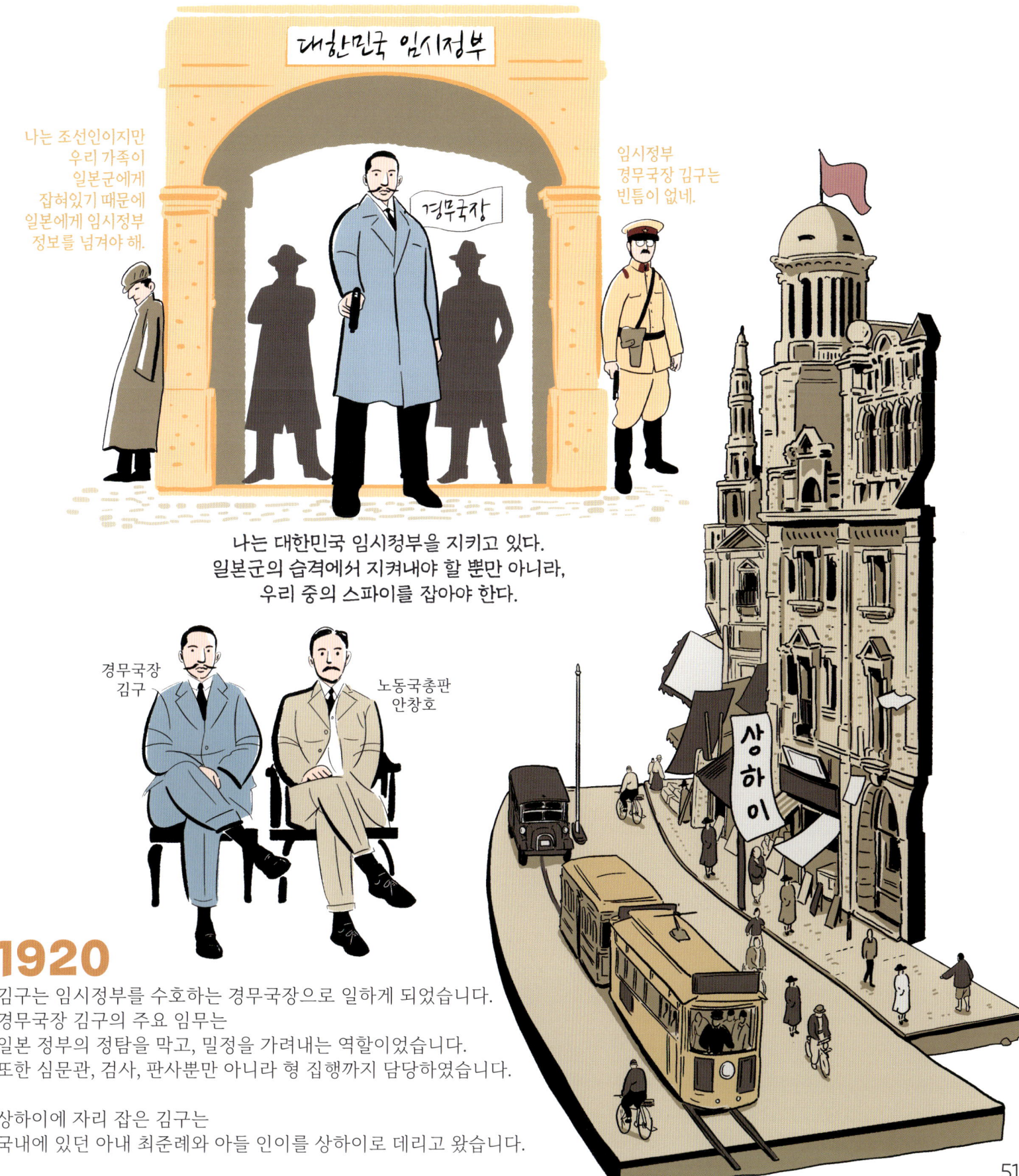

대한민국 임시정부

나는 조선인이지만 우리 가족이 일본군에게 잡혀있기 때문에 일본에게 임시정부 정보를 넘겨야 해.

경무국장

임시정부 경무국장 김구는 빈틈이 없네.

나는 대한민국 임시정부을 지키고 있다.
일본군의 습격에서 지켜내야 할 뿐만 아니라,
우리 중의 스파이를 잡아야 한다.

경무국장 김구

노동국총판 안창호

1920

김구는 임시정부를 수호하는 경무국장으로 일하게 되었습니다.
경무국장 김구의 주요 임무는
일본 정부의 정탐을 막고, 밀정을 가려내는 역할이었습니다.
또한 심문관, 검사, 판사뿐만 아니라 형 집행까지 담당하였습니다.

상하이에 자리 잡은 김구는
국내에 있던 아내 최준례와 아들 인이를 상하이로 데리고 왔습니다.

1920 봉오동 전투
한국독립군 연합 부대가 일본군에게 승리한 전투

1920 북로 군정서, 청산리 대첩
만주에서 결성된 독립군 단체인 북로 군정서가 청산리에서 일본군과 교전하여 큰 승리

1922

김구는 동산평에 어머니와 함께 계시던
장모님이 돌아가시게 되자
어머니도 상하이로 모셔왔습니다.
아들 신이가 태어났고, 김구는 안정을 되찾으며
단란하고 재미있는 가정을 꾸릴 수 있게 되었습니다.
그리고 같은 해 가을,
대한민국 임시정부 내무총장이 되었습니다.

1924

이제야 겨우 가족들과 함께 살게 되었지만,
병약했던 아내 최준례가
계단에서 떨어지는 사고를 겪으며 병이 악화되었습니다.
폐병이 심해지자 폐병원에 격리되었고
얼마 지나지 않아 세상을 떠났습니다.
김구는 아내를 상하이의
프랑스 조계지* 내의 공동묘지에 묻어주었습니다.

당시 프랑스 조계지는 일본군의 손이 닿지 않는 곳이었습니다.
이어서 김구는 임시정부 노동국총판을 겸임하게 되었습니다.

*조계지는 중국 내의 외국인 거주지로,
각 국의 조계지 내에서는
중국의 법이 아닌
자국의 법을 따랐습니다.

상하이에서
김구를 도와준
프랑스 경관
서대납

1919년 국내외 동포 모두가 독립을 향한 하나된 마음으로 독립만세를 외쳤지만,
시간이 지나며 상황은 달라지기 시작했습니다.
변화하는 세계 정치판도에 영향을 받아, 독립운동 역시 공산주의와 민족주의로 파가 나뉘게 되었습니다.
모두가 독립운동을 하고 있었지만, 분파들 간의 갈등이 극심해지며 급기야 분열로 이어졌습니다.
김구는 제 3의 나라 공산당의 사상과 명령을 따르는 것에 크게 반대하였습니다.

김구는 공자의 유가사상, 석가의 불교, 예수의 기독교를 공부하고 마르크스와 레닌주의의 사회주의를 겪으며
우리나라의 특성과 수준에 맞는 이념과 제도가 없는 것에 대한 아쉬움을 나타냈습니다.

"일을 맡기면 의심하지 않고,
의심하면 일을 맡기지 않는다."

상하이 대한민국 임시정부 청사

1925

김구는 항상 어머니와 가족들한테 미안한 마음으로 죽는 날까지
생일을 기념하지 않고 날짜 표시도 하지 않으려 했다고 합니다.
그런데, 나석주 의사가 김구의 생일을 축하해 주기 위해
자신의 옷을 맡기고 먹을 것을 사 왔습니다.
김구는 음식을 어머니께 드리며,
이날을 가장 기쁜 날 중 하나로 기념하기로 합니다.

1926

독립을 향한 외교활동이 큰 성과가 없었고
내부갈등이 고조되며 임시정부는 힘을 잃어갔습니다.
이동녕 선생은 김구에게 임시정부를 맡아서
이끌어 줄 것을 간곡히 말씀하셨습니다.
거절하던 김구는 끝내 받아들이고 51세가 되는 해에
대한민국 임시정부 국무령*에 선출됩니다.
김구는 임시정부의 국무위원 모두가
평등한 권리를 가지고 참여할 수 있도록 하였습니다.

*대한민국 임시정부는
임시 대통령제를 폐지하고 국무령제를 채택하였는데,
김구, 이동녕 등이 국무령을 지냈습니다.

1927

계속된 일본의 탄압으로
임시정부의 사정은 계속 나빠졌습니다.
임시정부에서 일하던 이들도
하나둘 떠나 고국으로 돌아가거나,
일본에 투항하는 자들도 계속 생겨났습니다.
임시정부는 건물 임대료마저 내지 못할 지경에 이르렀습니다.
임시정부의 운영을 책임지는 김구의 고단함은 극심해졌습니다.

김구는 임시정부를 지켜나가기 위해
해외 동포들, 특히 미주 교포들에게
임시정부의 활동상황을 알리는 편지를 지속적으로 보냈습니다.
이후, 미주 교포들로부터 경제적 지원을 조금이나마
받을 수 있게 되었습니다.

임시정부의 시련이 지속되면서 재정이 바닥나고
생활마저 어려워져 어머니와 아들 김인을 고국으로 보냈습니다.
아내를 잃은 지 얼마 안 된 시점에 아들과 어머니마저 고국으로 떠나자
김구는 홀로 외로운 시간을 보냈습니다.
동포들 집에서 식사를 얻어먹고 사무실에서 쪽잠을 자는 매우 고된 시간이었습니다.

독립운동가 나석주
의열단에 가입하여,
1926년 동양척식주식회사와
식산은행에 폭탄을 던지고
자결하였습니다.

동양척식주식회사
한반도의 토지와 자원을
수탈하기 위한
식민착취기관

해외 동포들에게
임시정부 소식을
계속 전달하자!

대한민국 임시정부가
계속해서 활동하고 있구나!
우리들이
힘이 될 수 있게
지원하자!

미주 교포

여기 상황이
너무 어려우니
인이는 먼저 고국으로
데리고 가서 키우겠다.

겨레의 큰 스승을 키운 어머니

재정난으로 제대로 된 끼니조차 먹지 못하던
임시정부 동지들을 위해 어머니는
중국인들이 버린 음식을 모아오셨습니다.
정성스럽게 맛있는 국을 끓여주신 어머니 덕분에
임시정부 인사들은 허기를 채울 수 있었습니다.

고국으로 먼저 돌아간 어머니는
생활비를 아끼고 아끼셔서
상하이의 김구에게 돈을 보내셨습니다.

어머니는 김구의 두 아들을
고국에서 홀로 일을 하시며 키우셨습니다.

어머니가 홀로 아이들을 데리고 고향에서 살고 있을 때,
일본 경찰들은 김구 어머니의 집을 포위하고 감시하였습니다.
이런 상황을 알고 있던 김구는 임시정부 상황이 나아지자 어머니와 아이들을 데려오려 했습니다.
어머니는 자신의 앞길을 막는 일본 경찰을 꾸짖으시며,
당당히 상하이로 아이들을 데려오셨습니다.

"해외로 나갈 수 없습니다."

"내 생일 챙길 생각 말고
이 돈으로 내가 권총을 샀으니
독립운동에 더욱 박차를 가하게!"

청년단과 임시정부 동지들이
가장 큰 어른인 김구의 어머니 생신을 축하드리기 위해
돈을 모은다는 사실을 어머니께서 아시고는
그 돈과 개인 돈을 합쳐 권총을 사,
독립운동에 힘을 보태라며
청년단에게 건네주셨습니다.

당시에는 하인을 쓰는 경우도 있었는데,
나이가 많으셨음에도 불구하고 어머니는
'우리가 일본에 하인 노릇을 하고 있는데,
내가 어찌 우리 동포를 하인으로 부릴 수 있냐'며
모든 일을 혼자서 하셨다고 합니다.

한인애국단
이봉창, 윤봉길 의거

1931
일본의 탄압과 내부 갈등으로 힘을 잃어 가던 임시정부 활동에 불을 지피기 위해,
일본 요인 암살 조직인 한인애국단을 창단하고
미국, 하와이, 멕시코, 쿠바 등의 동포들에게 금전 지원을 요청합니다.

이봉창, 일본 천황에게 폭탄을 던지다

이봉창
'일본영감' 이봉창 모습이 일본인 같고 일본말을 잘하여 붙여진 별명

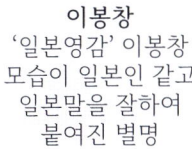

일본에서 노동하다가, 독립운동을 위해 상하이 임시정부를 찾아온 이봉창입니다!

이봉창은 김구에게 찾아와 상하이에서 일하며, 독립운동을 준비하겠다고 말합니다. 김구는 이봉창의 말투와 행동이 일본인과 흡사해서 특별히 시간을 가지며 조사할 필요가 있다고 생각하였습니다.

이봉창은 공장에 취직해 일하며, 가끔 놀러와 단원들에게 술과 음식을 사주었습니다.

"당신들은 독립운동을 한다면서 일본왕을 왜 못 죽입니까?"

"군인과 정치인도 죽이기 쉽지 않은데 어찌 일본왕을 죽이겠소?"

제 나이가 31세입니다.
앞으로 다시 31년을 더 산다 해도 과거 반생에서 맛본 방랑 생활에 비한다면 늙은 생활에 무슨 취미가 있겠습니까?
인생의 목적이 쾌락이라면, 31년 동안 인생의 쾌락은 대강 맛보았습니다.
그런 까닭에 이제는 영원한 쾌락을 얻기 위하여 우리 독립사업에 헌신하고자 상하이에 왔습니다.

김구는 여러 날 이봉창을 관찰하다가 그에게 조용히 찾아가 속마음을 터놓고 대화를 하였습니다. 김구는 이봉창의 인생관을 보고 감동의 눈물을 흘렸습니다. 이봉창은 김구에게 자신이 할 수 있는 일을 지도해달라고 하였습니다.

김구는 미국과 하와이 동포들에게서 특수활동비 명목으로 몇백 달러의 후원금을 전달받았습니다. 김구는 이 돈을 동료를 비롯한 누구도 모르게 허름한 옷 속에 잘 숨겼습니다. 김구는 후원금을 가지고 비밀리에 폭탄 두 개를 구입하고 이봉창이 일본으로 갈 수 있는 길을 마련합니다. 그리고 이봉창에게 큰 돈과 함께 전달합니다. 돈을 받은 이봉창은 임시정부와 김구의 어려운 상황을 알기에 깊이 감동합니다.

저는 영원한 쾌락을
누리기 위해 떠나는 길이니.
우리 두 사람 기쁜 얼굴로
사진을 찍읍시다.

도쿄 지방 재판소

법무성

함께 사진관에 가서 기념사진을 찍을때
김구의 표정이 어둡자
이봉창이 활짝 웃으며 오히려 김구를 위로합니다.

이봉창의 의거로 인하여 일본은 물론
국내외 동포들과 다른 나라까지 놀라움을 금치 못했습니다.

이 소식을 접한 미국, 하와이, 멕시코, 쿠바의 교포들도 흥분하고
김구에게 격려와 응원의 편지가 쏟아졌습니다.
이전에 임시정부를 부정하던 동지들도 다시 돌아오며
침체되었던 임시정부에 활력이 생기기 시작했습니다.

한국의 열혈 청년들은 비밀리에 상하이로 찾아와
김구에게 나라를 위한 큰일을 맡겨달라 부탁했습니다.

일본 천황 마차

"한인 이봉창이
일본 천황을 저격하였으나
불행히도 명중하지 않았다."

일본 도쿄 황궁 앞에서 폭탄 투척!

윤봉길, 일본 제국군의 심장을 저격하다
뜻을 품으면 마침내 일을 이룬다.

윤봉길
상하이에서 야채상으로 위장하여
일본군 정보를 수집하던 윤봉길은
어느 날 김구를 찾아와서
나라를 위한 큰일을 맡겨달라고 합니다.
김구는 윤봉길이
몸을 바쳐 큰 뜻을 이룰
의로운 사람이라고 느꼈습니다.

얼마 뒤에 상하이 훙커우 공원에서
중국과의 전쟁에서의 승리와
일본 천황의 생일을 축하하는 성대한 행사에서
윤군의 큰 목적을 달성해 봄이 어떠하오?

"마음을 급하게 먹지말고
자신감을 가지시오.
내일 거사는 꼭 성공할 것이오."

김구의 시계
2원

윤봉길의 시계
6원

제 시계는
어제 선생님의 말씀에 따라
6원을 주고 구입한 것인데,
선생님의 시계는 불과 2원 짜리입니다.
제 시계는 이제 1시간밖에
쓸 수 없습니다.

김구는 긴장한 윤봉길을 격려했습니다.

윤봉길은 자신의 시계를 꺼내 김구와 시계를 교환하자고 하였습니다.

왕보슈
폭탄 제공자

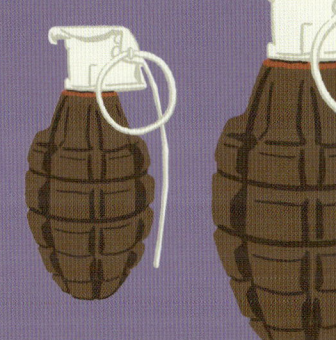

이봉창의 의거를 본 중국인들은 큰 감명을 받았으며,
자신들이 제공해 준 폭탄의 능력이 부족하여
일본 천황을 죽이지 못한 것에 대한 미안한 마음으로,
상하이의 군사 공장에서
20여 개의 폭탄을 무료로 제공해 주었습니다.

김구는 눈물을 감추며 윤봉길에게 행사장으로 가기 위한 택시비로 쓰라며
가지고 있던 돈을 다 꺼내어 윤봉길의 손에 쥐여주었습니다.
서로 간단한 인사를 한 뒤 윤봉길을 태운 차는 무심히 가버렸습니다.

61

위기의 상해 탈출

1932

이봉창, 윤봉길 의사에 이어 여러 단원들의 작전이 더해지자
일본군은 대대적인 수색, 체포를 감행하였습니다.
그러다 보니, 많은 독립운동가들이 잡혀가는 피해가 잇따랐습니다.
김구는 한인애국단 활동의 주모자가
자신임을 밝히는 발표를 하였습니다.
그러자 상하이의 많은 신문에서
주모자 김구에 대한 기사를 쏟아내기 시작했습니다.

김구는 미국 선교사 피치 부부의 도움으로 숨어지냈습니다.
하지만, 점점 일본군의 수사망이 좁혀오고
의심을 가지는 동네 주민들이 많아졌습니다.
피치 부부의 집 앞에 다양한 국적의 정탐꾼들이 가득했습니다.
그들은 미국인인 피치 부부의 집에는 침입할 수도 없었기 때문에,
그저 김구가 보이기만을 기다리고 있었던 것입니다.

김구는 피치 부부에게도 피해가 가는 일이고,
더 이상 숨어있을 곳이 아니라고 생각하였습니다.
틈을 타서 임시정부 대가족들을 이끌고
상하이를 탈출하여 항저우로 이동하였습니다.

조지 애쉬모어 피치

상하이를 빠져나온 김구는 자싱과 항저우 등으로 몸을 피하였습니다.
일본의 중국 침략이 더욱 거세지고 독립운동에 대한 탄압이 격해져
임시정부 기반이 흔들리고 취약해졌습니다.

자싱의 피난 생활에서 중국의 전 정치인이자 부유했던
추푸청의 도움으로 안전하게 있을 수 있었습니다.
그리고 상하이와는 다른 아름다운 풍경이 있는 자싱에서
김구는 지친 몸과 마음을 조금이나마 풀 수 있었습니다.

추푸청
김구의 피난생활을 후원

김구는 일본 경찰과 군을 피해
피난 생활 중에는
거의 선박에서 생활을 하였습니다.

주아이바오
김구의 피난 생활을
오랜시간 도와준 뱃사공

1933

중국(중화민국) 총통 장제스는
김구가 이끄는 한인애국단의 활약을 보면서
한국인들의 독립 의지와 역량을 새롭게 깨달았습니다.
김구는 장제스 총통과 면담하여
낙양 군관학교 내에 한인 훈련반 설치에 합의하였습니다.
한국독립군 총사령관에 지청천을 임명하고, 김구와 김원봉이 경영에 참여하였습니다.
중국에서는 한국인 청년들을 자국민과 동일한 학생으로 대우하며
학비, 식대 등을 지원했습니다.
임시정부는 중국 측에 우리 실정과 분위기에 맞게
정치, 군사 훈련을 실시할 것을 요구하고,
훈련 교관을 우리나라 사람이 담당할 수 있도록 하였습니다.

외교, 정보 활동

박찬익　　안공근　　엄항섭

군사활동

1934

9년 만에 자싱에서
어머니와 아들 인과 신이를
만날 수 있었습니다.
아이들은 어느새 훌쩍 커있었습니다.

장제스
중화민국 총통　　지청천　　김원봉

1935

해외 각지에 흩어져 있는 독립운동가들의
대일전선통일동맹 바람이 불었습니다.
의열단, 신한독립당, 조선혁명당,
한국독립당, 미주 대한인독립단이 통합하여
조선민족혁명당이 탄생하게 되었습니다.
하지만, 곧 김원봉의 의열단 계열이 주도권을 잡자
각 단체들이 다시 이탈하는 상황이 발생하였습니다.
그리고 김구는 대한민국 임시정부 국무위원을 맡으며
항저우에서 민족주의에 입각한
한국국민당을 창당하였습니다.

민족말살통치시대
1931년 만주사변 이후부터
1945년 광복까지

민족말살통치는 일본이 조선인의 민족성을 말살시키기 위해 실시한 통치방식입니다. 1937년 중일전쟁을 기점으로 한반도를 전쟁의 병참기지화* 하려는 일본은 전쟁에 필요한 물자 및 인력을 강제 징발, 징용하기 시작합니다. 남자들은 군대나 공장으로 끌려갔고, 여성들도 공장이나, 위안부로 끌려가 강제로 전쟁에 참가합니다. 이름을 일본식으로 바꾸게 하는 창씨개명을 강제했고, 신사 참배 및 천황 숭배를 강요하고, 우리 말과 글을 쓰지 못하게 함으로써, 조선인이라는 민족성을 말살하고, '황국신민'이라는 정체성을 심으려했습니다. 이러한 통치방식은 일본이 패망하고, 우리가 광복할 때까지 이어졌습니다.

*병참기지화
전쟁에 필요한 사람, 자원을 지원하는 곳으로 만드는 것을 의미합니다.

1. 민족성 말살을 위해, 우리 말과 글을 쓰지 못하게 함.

2. 한글 이름을 일본 이름으로 바꾸는 창씨개명 실시.

3. 신사 참배와 천황 숭배 강요.

4. 일본과 조선이 같은 민족임을 강요하는 내선일체론을 내세움.

5. 한반도의 인적, 물적 자원 총동원령.

일본은 태평양을 지배하겠다는 야망으로 전쟁 준비에 박차를 가했습니다. 일본은 한반도에서도 국민징용령을 공포하여 청년들과 학생들을 전쟁터로 데려갑니다.

쌀 수탈

소년 병사 양성

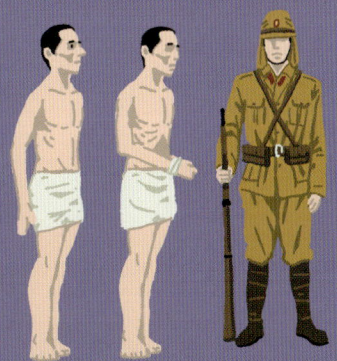

강제 노역

위안부

소녀 의무병

모든 자원 수탈

1937

중일전쟁으로 일본군의 폭격기가
난징 하늘을 빼곡히 뒤덮었습니다.
폭격으로 김구와 임시정부 가족들이 지내고 있던 건물들이
무너지는 사태가 발생하였는데,
다행히도 김구의 가족들과
임시정부 식구들은 무사하였습니다.

1938

김구는 3당 통일 문제를 협의하기 위해 창사의 남목청에 방문하였는데
밀정 이운환이 쏜 총에 맞아 의식 불명되었습니다.
김구가 총에 맞는 대사건이 발생하자 일대 소동이 벌어졌습니다.
김구는 병원으로 실려갔지만, 의사는 가망이 없다고 하였습니다.
하지만, 하늘이 도와 김구는 살아날 수 있었습니다.
문병을 간 어머께서 김구에게 말씀하셨습니다.

"사악한 것이 옳은 것을 범하지 못하지.
안타까운 것은 이운환 밀정도 한국인이라
일본인의 총에 맞고 죽은 것 보다 못하다."

전쟁의 시대

1937 창사 중일전쟁
1938 광저우
1938 류저우

김구는 중국 국민당 정부에게 도움을 요청하여 이동할 차량을 구할 수 있었습니다. 임시정부와 대가족은 류저우에서 치장으로 옮겼습니다.

민족운동단체 연합 좌우합작

사회주의단체 대표 약산 김원봉

민족주의단체 대표 백범 김구

1939

어머니 곽낙원께서는 중일전쟁으로 고생하시던 도중, 인후염으로 81세의 나이로 세상을 떠나셨습니다.

민족운동 단체의 연합을 위하여 김원봉과 공동명의로 '동지, 동포 제군에게 고함'을 발표하였습니다.

미국 소련 영국 프랑스 vs 일본 이탈리아 독일

독일의 폴란드 침공으로 제2차 세계대전이 발발하였습니다. 지금까지 인류 역사에서 가장 큰 세계 규모의 전쟁입니다.

1939 치장
좌우합작
제2차 세계대전 발발

1940 충칭

임시정부는 중국 국민당 정부의 도움으로 치장에서 충칭으로 거처를 옮겼습니다.

충칭에 도착한 김구의 활동
1. 중국 정부와 교섭하여 차량을 얻고 이사 비용을 마련.
2. 미주, 하와이의 동포들에게 임시정부와 대가족들을 충칭으로 이주 시키기 위해 원조를 요청.
3. 국내외 여러 독립운동 단체들을 통일할 수 있는 방안 모색.

한국광복군 창설

김구는 한국광복군 창설을 서둘렀습니다. 시안에 파견하여 병력을 모집하도록 했고 중국 정부를 상대로 군대 편성에 대한 이해와 협조를 요구하였습니다.

지청천 장군
한국광복군 총사령관

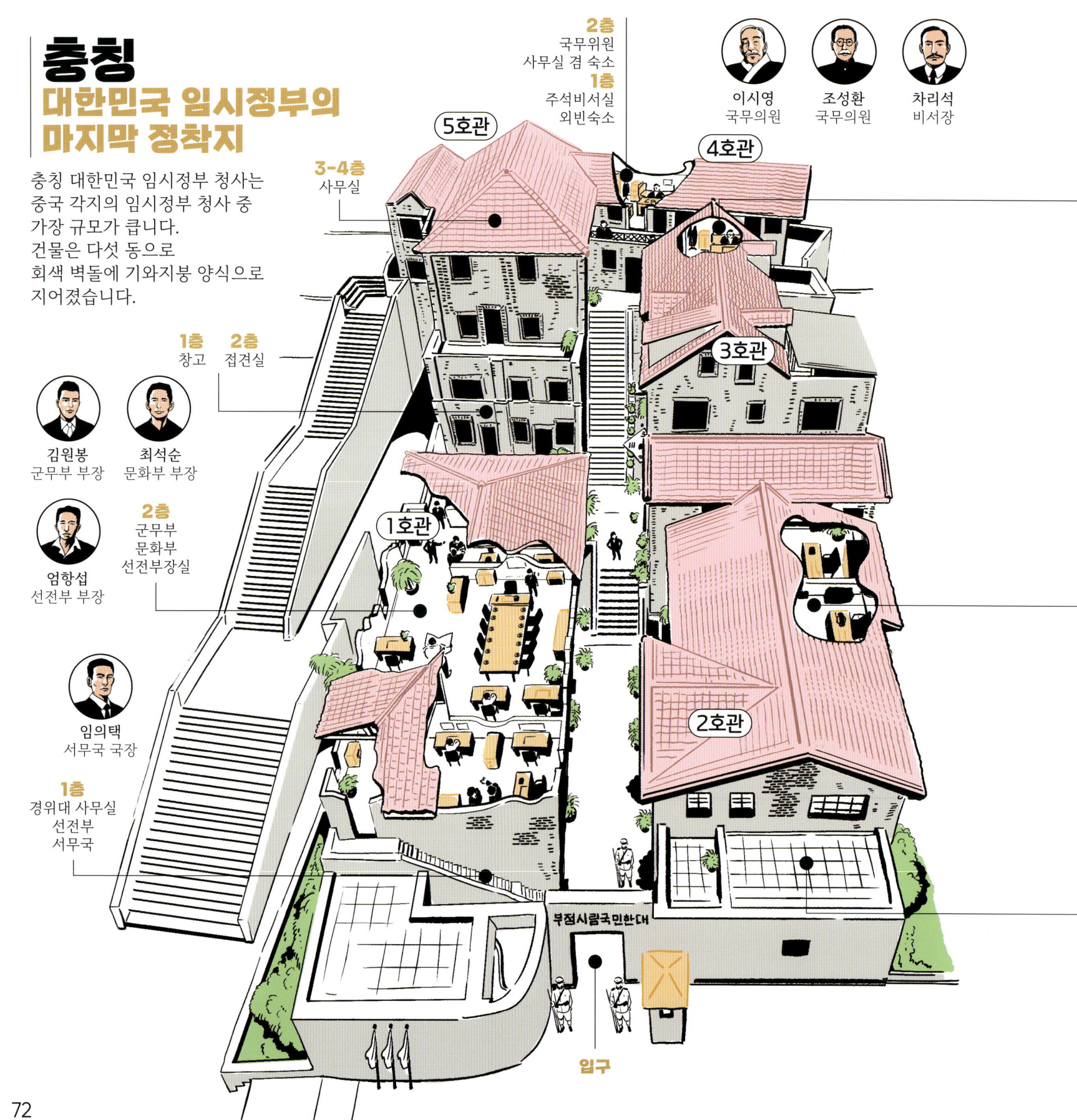

김구
주석

김규식
부주석

3층
김구 주석 집무실

1941

김구는 대한민국 임시정부 승인 문제로
루즈벨트 미국 대통령과 중국 외교 총장과 회담을 진행하였습니다.

임시정부에서 조소앙을 중심으로
'대한민국 건국강령'을 제정 발표하였습니다.
건국강령에 나타난 새로운 국가 건설은
'삼균주의'를 바탕으로 작성되었으며,
정치, 경제 교육 등에서
철저한 균등 사회를 건설하고자 하였습니다.

> 정치는 민주주의 원리에 기초.
> 경제는 토지와 대량 생산 기관의
> 국유화를 통한 합리적 분배.
> 교육은 국비 의무교육제도를 통한
> 균등한 교육기회 제공.

국무위원 회의실

1층
내무부
경위대

2층
재무부
외무부

조완구
재무부 부장

조소앙
외무부 부장

신익희
내무부 부장

1층
임시의정원 회의실

홍진
의장

최동오
부의장

일본의 태평양 진출에 격렬한 항의를 표한 미국은 경제제재 조치를 취했습니다.
이에 일본은 전투기 450대를 실은 6척의 항공모함으로
진주만에 정박해 있던 미국 함대를 기습공격했습니다.
이후 미국과 영국, 네덜란드는 일본에 선전포고했습니다.

대한민국 임시정부 조직도
1944

주석

 김구 주석

 김규식 부주석

국무위원

 이시영

 조성환

 황학수

 조완구

 차리석

 박찬익

 조소앙

비서처

 차리석

주석판공실

 민필호

서무국

임의택

내무부

 신익희

외무부

 조소앙

군무부

 김원봉

법무부

 최동오

임시의정원

홍진
의장

최동오
부의장

국무위원

조경한

김붕준

장건상

성주식

김원봉

유림

김성숙

생활위원회

윤기섭

회계검사원

이상만

통수부 회계검사원

유동열

재무부

조완구

문화부

최석순

선전부

엄항섭

일본에 선전포고하다

대한민국 임시정부의 김구는 연합군의 일원으로 공식적으로 일본에 선전포고하였습니다.
이에, 대한민국 임시정부에 소속된 한국광복군은 연합군 전선에 서서 여러 전투에 참가하였습니다.
이로 인해 대한민국 임시정부와 한국광복군은 국제적 위상을 높이게 되었습니다.

포로 심문
암호 해석
선전 활동
중국군과 연합
미얀마, 인도 전선에서 영국군과 연합 작전

우리들은 삼천만 한국인 및 정부를 대표하여
삼가 중국, 영국, 소련, 캐나다, 호주 및 기타 제국의 대일선전을 삼가 축하한다.
그것이 일본을 격파하고 동아시아를 재조하는 가장 유효 수단이 되기 때문이다.
그리고 여기서 특히 아래와 같은 점을 성명한다.

1. 한국의 전체 인민은 현재 이미 반침략 전선에 참가하여
일개 전투 단위가 되어 있으며, 축심국에 대하여 선전한다.

2. 거듭 1910년 합병조약 및 일체 불평등조약의 무효와 동시에
반침략 국가들의 한국에서의 합법적인 기득 권익을 존중함을 선포한다.

3. 한국, 중국 및 서태평양으로부터 왜구를 완전히 구축하기 위하여
최후 승리를 거둘때까지 혈전을 계속한다.

4. 맹세코 일본의 난익하에 조성된 창춘 및 난징정권을 승인하지 않는다.

5. 루즈벨트와 처칠이 선언한 각 항이
한국의 독립을 실현하는데 적용되기를 견결히 주장하며,
특히 민주진영의 최후 승리를 예측한다.

대한민국 임시정부 주석 김구, 외무부장 조소앙
대한민국 23(1941)년 12월 10일

1942

조선의용대가 한국광복군으로 편입됩니다.
김원봉을 광복군 부사령관으로 임명합니다.
한국광복군은 중국 각지에서
연합군과 공동작전을 펼칩니다.

1943

김구는 연합국 사이에서 전쟁 후 한반도를
국제공동관리(신탁통치)로 하는 문제가 논의되고 있다는 소식을 듣고 즉각 이를 해결하기 위한 조치에 나섭니다.
충칭에서 재중국 자유한인대회를 개최하고 한국은 '독립국'이며 한민족은 '자유민'임을 선언하면서,
어떠한 국가나 국제적인 간섭도 반대한다고 발표하였습니다.
또한 김구는 카이로에서 전쟁 후 문제를 협의하는 회의가 개최된다는 소식을 듣고
7월에 조소앙, 김규식 등과 장제스 총통과 회담하여 한국의 완전 독립을 이끌어 달라는 약속을 받았습니다.

카이로회담

1943

1943년 제2차 세계대전의 승세를 잡은 미국, 영국, 중국 세 연합국의 지도자들이 이집트 수도인 카이로에서 회담을 가졌습니다. 이 회담에서 한반도의 독립에 관한 논의를 처음 국제적으로 합의했습니다.

카이로선언에 대한 김구의 성명 중에서

만일 연합국이 2차 세계대전 후에
한국의 무조건 자유와 독립을 부여하기를 실패할 때에는
우리는 어떤 침략자나 또는 침략하는 단체가 그 누구임을 막론하고
우리의 역사적 전쟁을 계속할 것을 결심하였다.
…
우리는 우리 나라를 스스로 통치하며 우리 조국을 지배할 지력과 능력을 가졌으며,
우리는 다른 족속이 우리를 다스리며 혹은 노예로 삼는 것을 원치 않는다.
또 우리는 어떤 종류의 국제 지배를 원치 않는다.

1944

대한민국 임시정부는 제5차 개헌을 실시하여, 주석의 권한 확대 및 강화하였습니다.
개선된 헌법에 따라 김구가 주석으로 재선됐습니다.
또한 중국의 장제스 총통을 면담하고 임시정부 승인을 요구하였습니다.

1944.06.06
프랑스 노르망디 해안
'작전명 디데이'
노르망디 상륙작전 개시

독일군

170m

500m

연합군
(미국, 영국, 캐나다 등)
15만6천 명

연합군은 독일군이 점령하고 있던
프랑스 노르망디 해안에서
사상 최대의 상륙 작전 실시하였습니다.
방심한 독일군은 중요한 지점을 잃으며
제2차 세계대전의 판세는 연합군에게 기울었습니다.
그리고 8월 독일군은 물러가고
연합군은 파리에 입성하며
파리 시민들은 해방에 환호하였습니다.

한편, 독일군과 같은 추축국인 일본은
1937년 중일전쟁과 태평양전쟁을 일으키며
노동력이 부족해지자, 강제 징용과 징병을 실시하였고,
여자와 아이들까지 동원하는 총동원체제를 시작하였습니다.
일본은 여자정신대령을 공포하여 식민지 여성을 강제로 동원하며,
최후의 발악을 시작했습니다.

제2차 세계대전에서
연합국의 승리가 가까워지자
일본의 패망을 예견한 여운형은
국내에서 건국동맹을 결성하며
조국 광복을 준비했습니다.

80

1945

김구의 첫째 아들 김인이 부인 안미생과 딸을 남기고 세상을 떠납니다.
당시 충칭의 대기 환경은 매우 좋지 못하였는데 이로 인한 사망으로 추정됩니다.
아들을 떠나보내는 큰 슬픔을 겪었지만 대한민국 임시정부의 주석인 김구는
중국과 새 군사협정을 체결하며 일본과의 전쟁에 박차를 가하고 있었습니다.

한국광복군 OSS 특수부대원

임시정부 주석
김구

미국 특수부대
OSS 총책임자
도너번 장군

한국광복군 총사령관
지청천

OSS 사령관
도너번

한국광복군은 협서성 서안과 안휘성 부양에 특별훈련단을 설치하고,
OSS 부대*에게 훈련을 받으며 연합작전을 추진하였습니다.
미국 장교들은 우수한 성적으로 군사훈련을 하는 한국 청년들을 칭찬하였고,
모두의 기대를 받고 있다고 하였습니다.

*OSS는 현재 미국 정보부 CIA의 전신으로,
태평양전쟁 당시 일본에 맞서 첩보 작전을 펼친 특부공작기관으로
전쟁을 승리로 이끄는데 큰 역할을 하였습니다.

81

실제 실행에 옮기지 못한 광복군 국내 진입 작전도

국내 진입 작전을 코앞에 두고,
일본의 항복으로 인해 수년 동안 애를 써서 독립전쟁을 준비한 것이 모두 물거품이 되어버렸습니다.
김구는 특수 훈련을 받으며 활약을 준비한 한국광복군이
각종 비밀무기와 잠수함을 통한 본국 탈환 작전을 실행할 수 없음에
너무나도 안타까운 마음이 들었습니다.

함경반
평안반
국내진입
강원반
황해반
경기반
서울
충청반
경상반
전라반
부산

시안
광복군2지대

푸양
광복군3지대

지휘명령

지휘명령

충칭
대한민국임시정부

2단계: 국내진입

제주도

1단계: 제주도 탈환

2차 원자폭탄 투하
나가사키
1945.08.09

왜적의 항복

1945

1945년 7월 26일
미국, 영국, 중국이 발표한 포츠담 선언에서
일본에 대한 처리 방침을 이야기하고, 일본의 무조건 항복을 요구하였습니다.
일본이 이를 무시하자 미국은 8월 6일 히로시마, 8월 9일 나가사키에 원자폭탄을 투하하였고,
소련은 일본에 선전포고를 하며, 만주에서 일본군을 일제히 공격을 개시하였습니다.
일본은 더 이상 버틸 수 없음을 깨닫고 항복합니다.
일본 천황은 방송을 통해 항복을 발표하고
미국이 일본 본토를 점령하였습니다.

1945년 9월 2일
일본 도쿄만에 정박한 미군 미주리호에서 항복문서가 작성되면서
제2차 세계대전은 막을 내리게 되었습니다.
김구는 일본의 항복 소식을 듣고 하늘이 무너지고 땅이 꺼지는 마음이었다고 합니다.
일본의 항복은 좋은 소식이지만, 우리 손으로 직접 나라를 되찾지 못했기 때문에
앞으로 다가올 일이 걱정되었기 때문입니다.
한반도의 미래가 승전국인 미국과 소련에게 달려있음이
불 보듯 뻔했기 때문이었습니다.
이러한 걱정 때문에 김구는 모든 일정을 취소하고
빠른 귀국을 준비하기 위해 분주히 움직였습니다.

1차 원자폭탄 투하
히로시마
1945.08.06

히로시마

교토
오사카

도쿄

나가사키

1차 원자폭탄 투하
히로시마
1945.08.06
리틀보이

2차 원자폭탄 투하
나가사키
1945.08.09
펫보이

슬픔과 감격의 귀환

드디어 김구는 고국을 떠난 지 27년 만에 다시 고국으로 돌아왔습니다.
하지만, 일본을 몰아내고 한반도에 주둔 중인 미군정은
대한민국 임시정부를 인정하지 않아,
임시정부 인사들은 개인 자격으로 입국할 수밖에 없었습니다.
김구는 매우 안타까웠지만, 마땅한 방법이 없었습니다.

12월에 대한민국 임시정부의 환국을 축하하는 환영대회가 열렸습니다.
서울 운동장에서 많은 환영 인파가 모였고,
서울의 전차들을 꽃과 환영문구로 장식하는 등
성대한 임시정부 환영대회가 펼쳐졌습니다.

1946

김구는 비상국민회의를 소집해,
의장에 선출되었고,
남조선 국민대표 민주의원
총리에 선임되었습니다.

일본에 있는 이봉창, 윤봉길, 백정기
3의사의 유골을 전달받았습니다.
이들의 유골은 국민장을 치르고, 효창원에 모셨습니다.

김구는 한반도의 자주독립을 위해 국내외에 많은 활동을 합니다.
먼저, 모스크바 3상회의 결정에 반대하여 '신탁통치반대국민총동위원회'를 조직하여 활동하였습니다.
또한, 연합국 원수 및 정당 대표에게 임시정부 수립의 지원을 희망하는 메시지를 발표합니다.
좌우합작 위원회에서 발표한 '좌우합작 7원칙'에 대한 지지 성명을 발표합니다.

김구는 고국에 있을 때 도움받았던 사람들을 찾기 위해
삼남지방을 순회하며 인사하였습니다.
김구가 찾아왔다는 소식을 듣고
각 마을에서 수많은 사람들이 모여들었습니다.

분열의 시작

1947
김구는 '반탁독립투쟁위원회'를 조직,
제2차 반탁운동 전개하며 비상국민회를 확대합니다.

3월 인재 양성을 위해 건국실천원양성소 개설.
5월 한국독립당 당원들에게 제2차 미소공동위원회에 불참할 것을 성명.
10월 한국독립당 중앙집행위원회에서 남북 대표회의를 의결.
11월 한국독립당, 정당 협의회 참가를 보류.
12월 『백범일지』출간.

1948

김구는 UN 한국위원단에 통일정부 수립을 요구하는 6개항 의견서 보내며,
통일정부 수립을 절규하는 '3천만 동포에게 읍고함'을 발표합니다.

친애하는 3천만 자매 형제여!

우리를 싸고 움직이는 국내외 정세는 위기에 임하였다.
우리가 기다리던 해방은 우리 국토를 양분하였으며,
앞으로는 그것을 영원히 양국의 영토로 만들 위험성을 내포하고 있다.
...
미군 주둔 연장을 자기네의 생명 연장으로 인식하는 무지몰각한 도배들은
국가 민족의 이익을 염두에 두지도 아니하고 통일 정부 수립을 두려워하는 것이다.
한국이 있고야 한국 사람이 있고, 한국 사람이 있고야
민주주의도 공산주의도 또 무슨 단체도 있을 수 있는 것이다.
마음속의 38도선이 무너지고야 땅 위의 38도선도 철폐될 수 있다.
...
나는 통일된 조국을 건설하려다가 38도선을 베고 쓰러질지언정 일신에 구차한 안일을 취하여
단독 정부를 세우는 데는 협력하지 아니하겠다.
3천만 동포, 자매, 형제여! 건전한 조국을 위하여 한 번 더 깊이 생각하라.

— 김구, '3천만 동포에게 읍고함', 1948년 2월
(살아있는 한국사 교과서, 2012. 4. 9., 전국역사교사모임)

3월
김규식, 김창숙, 조소앙,
조성환, 조완구, 홍명희와
7인 공동성명을 발표하고
남한 총선거 불참을 표명합니다.

김규식　　조성환　　조완구　　조소앙

4월

김구는 광복을 맞은 한반도가 반으로 갈라지는 것을 참을 수 없어 북으로 넘어가
남북의 정치 지도자들이 통일정부 수립을 목표로 평양에서 개최한 정치회담인
'남북연석회의'에 참가하고 평양에서 '공동성명서'를 발표하였습니다.
비록 총선거를 통한 통일정부 수립이라는 목표는 달성하지 못하였지만
남북 정치인들이 이념적 대립에서 벗어나
통일정부 수립 방안을 논의하고 합의를 이뤘다는 점에서
의미가 있었습니다.

7월

북한의 단독정부 수립을 반대한다는 입장을 표명하였습니다.

11월

미국과 소련 양군이 철수한 뒤
통일정부 수립이 가능하다는 내용의 담화를
발표하였습니다.

나라가 둘로 나뉘다니
정말 말도 안되는 일이다.
어떠한 경우에도
통일정부가
수립되어야 한다.

38선의 남쪽은 미군이
북쪽은 소련군이 주둔하며
한반도는 반으로 나뉘게 되었습니다.

1949

서울에서 조국 통일을 위한 남북협상을 희망한다고 발언하였습니다.
또한, 김구는 교육의 중요성을 항상 강조하며
한국독립당의 정비와 건국실천원양성소의 일에 주력하며 통일에 이바지할 인재 양성에 힘썼습니다.
성동구 금호동에 백범 학원을 세우고, 마포구 염리동에 창암 학교를 세웠습니다.

무릇 한 나라가 서서 한 민족이 국민생활을 하려면
반드시 기초가 되는 철학이 있어야 하는 것이다.
이것이 없으면 국민의 사상이 못하고,
남을 의지하고 저희끼리는 추태를 나타내는 것이다.
나는 우리의 힘으로, 특히 교육의 힘으로
반드시 이 일이 이루어질 것을 믿는다.
우리나라의 젊은 남녀가 다 이 마음을 가질진대
아니 이루어지고 어찌하랴.

『백범일지』 머리말 중에서

겨레의 큰 스승을 잃다

김구는 임시정부를 기반으로 통일정부를 수립하고자 노력하였으나,
미국은 미군정을 확대하고 남한만의 단독정부를 세우고자 하였습니다.
당시 친일 세력과 민족주의 세력, 좌익과 우익의 권력 경쟁과 갈등이 심해져 갔습니다.
결국 1948년 남한과 북한에서 각각 정부가 수립되었습니다.
김구는 지속적으로 통일민족국가의 수립과
평화통일 운동을 펼쳤습니다.
김구는 계속해서 통일정부 수립을 주장하며
많은 이들을 이끌었습니다.

이에 단독정부를 지지하는 세력 내에
김구를 암살하려는 비밀스러운 움직임이 있었습니다.
김구도 이 소식을 들었으나,
일본군도 자신을 해치지 못했는데
어찌 동포가 자신을 암살할 수 있겠냐는 생각에
대수롭지 않게 여겼습니다.

1949년 6월 26일 서울 경교장에서
육군 소위 안두희*의 흉탄을 맞고
서거하였습니다.
한 평생 국가와 민족을 위해 살아온
겨레의 큰 스승의 발걸음이
같은 민족의 총탄에 멈추고 만 것입니다.

*1995년에 작성된 '백범 김구 선생 암살 진상 국회 보고서'에 따르면,
안두희의 우발적인 범죄가 아닌, 이승만 정권 수뇌부 차원의 치밀하게 계획된 범죄임이 밝혀졌습니다.

'나의 소원' 중에서

"네 소원이 무엇이냐?"하고 하느님이 물으시면, 나는 서슴지 않고
"내 소원은 대한 독립이오"하고 대답할 것이다.

"그 다음 소원은 무엇이냐?"하면, 나는 또
"우리나라의 독립이오"할 것이요. 또
"그 다음 소원이 무엇이냐?"하는 세번째의 물음에도,
나는 더욱 소리를 높여서
"나의 소원은 우리나라 대한의 완전한 자주독립이오"
하고 대답할 것이다.

우리 민족으로서 하여야 할 최고의 임무는
첫째로 남의 절제도 아니 받고 남에게 의뢰도
아니 하는 완전한 자주독립의 나라를 세우는 일이다.
이것이 없이는
우리 민족의 생활을 보장할 수 없을 뿐더러,
우리 민족의 정신력을
자유로 발휘하여 빛나는 문화를 세울 수가 없기 때문이다.

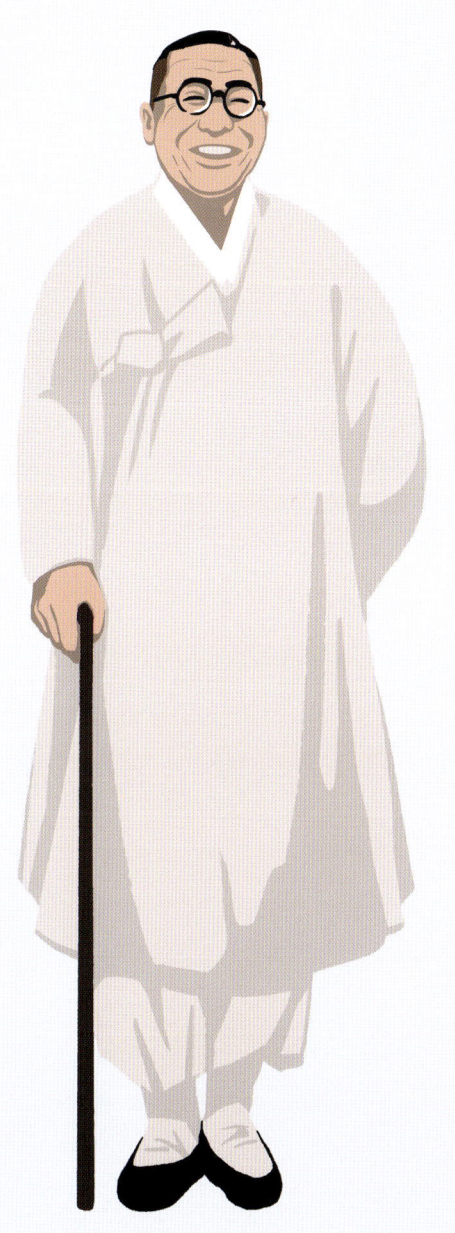

내가 원하는 우리나라

나는 우리나라가
세계에서 가장 아름다운 나라가 되기를 원한다.
가장 부강한 나라가 되기를 원하는 것은 아니다.
내가 남의 침략에 가슴이 아팠으니,
내 나라가 남을 침략하는 것을 원치 아니한다.
우리의 부력은 우리의 생활을 풍족히 할 만하고,
우리의 강력은 남의 침략을 막을 만하면 족하다.
오직 한 없이 가지고 싶은 것은 높은 문화의 힘이다.
문화의 힘은 우리자신을 행복되게 하고,
나아가서 남에게 행복을 주기 때문이다.

지금 인류에게 부족한 것은
무력도 아니오, 경제력도 아니다.
자연과학의 힘은 아무리 많아도 좋으나,
인류 전체로 보면
현재의 자연과학만 가지고도 편안히 살아가기에 넉넉하다.
인류가 현재에 불행한 근본 이유는
인의가 부족하고, 자비가 부족하고, 사랑이 부족하기 때문이다.

3장 더 알아보기

한 장으로 보는 인물 관계도
김구 가족
안태훈 가족
임시정부 주요 인물들
백범 김구 선생의 자동차
독립운동을 도와준 외국인들

한 장으로 보는 인물 관계도

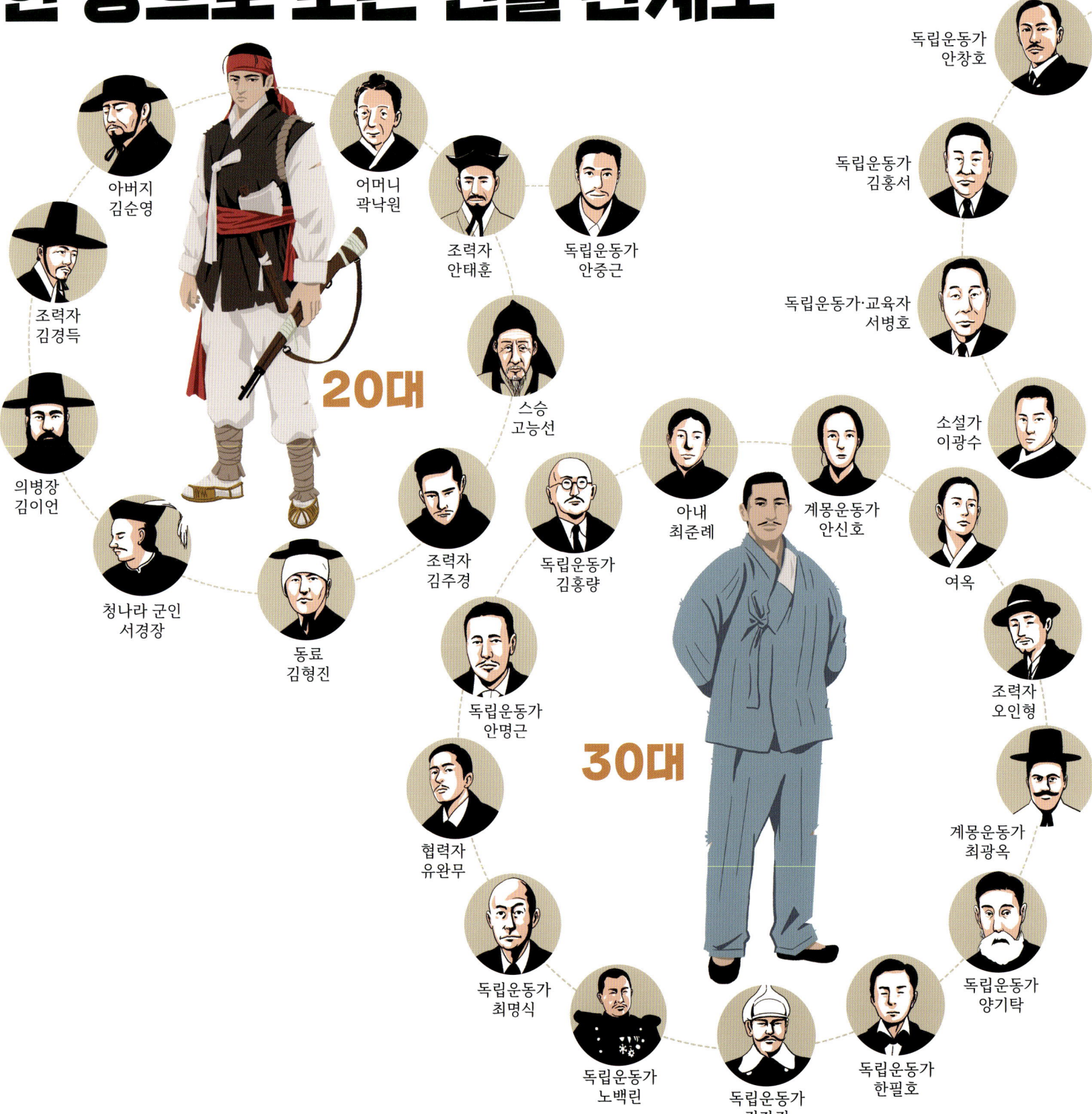

독립운동가
이동녕

독립운동가
이시영

40대

독립운동가
나석주

프랑스 경관
서대납

경호원
한태규

조력자
조지 애쉬모어 피치

조력자
추푸청

뱃사공
주아이바오

조력자
왕보슈

50대

독립운동가
이봉창

독립운동가
윤봉길

독립운동가
엄항섭

독립운동가
안공근

독립운동가
안정근

독립운동가
조소앙

중화민국 총통
장제스

중화민국 정치인
쑹메이링

OSS 사령관
도너번

광복군 총사령관
지청천

독립운동가
장남 김인

독립운동가
차남 김신

독립운동가
민필호

독립운동가
김원봉

60대

70대

독립운동가
김규식

정치인·대통령
이승만

독립운동가
조성환

며느리
안미생

독립운동가
조완구

경호원
김용

97

김구 가족

아버지 김순영
1848-1901

어머니 곽낙원
1859-1939

김구
1876-1949

부인 최준례
1889-1924

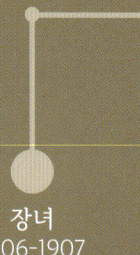
장녀
1906-1907

차녀 김화경
1910-1915

삼녀 김은경
1916-1917

장남 김인
1917-1945

며느리 안미생
1914-2007

차남 김신
1922-2016

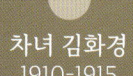
며느리
임윤연

안태훈 가족

안태훈

조마리아

안중근

안분도 안준생 안현생

안정근

안원생 안진생 안혜생 안미생 안옥생 안은생

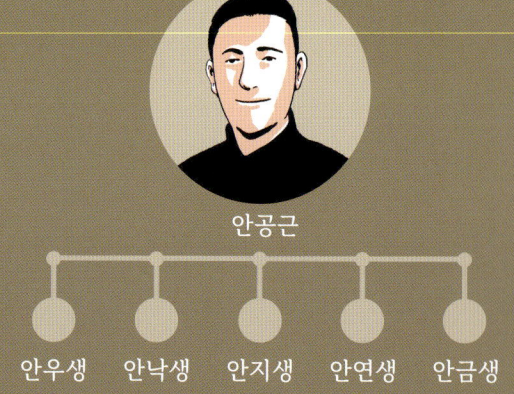
안공근

안우생 안낙생 안지생 안연생 안금생

임시정부 주요 인물들

김규식
임시정부의 부주석.
여러 외국어에 능통한 언어능력과
냉철한 외교감각을 바탕으로,
독립 외교활동을 진행했습니다.

안창호
임시정부 초기의 노동국총판.
독립협회, 신민회, 미국 흥사단 등에서
활발하게 독립운동을 진행하였습니다.
임시정부를 조직하고, 설계하는데
큰 공을 세웠습니다.

이시영
임시정부의 국무위원.
노블레스 오블리주를 실천한 인물.
이회영을 비롯한 여섯 형제와
집안의 전 재산을 동원해,
독립군 양성 및 독립운동에 힘썼습니다.

김붕준
임시정부의 국무위원.
진영을 따지지 않고
독립운동을 위해 힘썼습니다.

조성환
임시정부의 국무위원.
군무부 차장, 군사특파단장을 역임하는 등
무장독립운동을 이끌었습니다.
여러 독립운동 단체의 연합을 꾀했습니다.
추후 중국으로부터,
한국광복군의 자주성을 되찾기 위해
노력했습니다.

유동열
임시정부 한국광복군의 참모총장.
한국광복군을 확대 및 개편하고자 노력했고,
광복 후에도,
한국광복군의 명맥을 잇기 위해 노력했습니다.

황학수
임시정부의 국무위원.
한국광복군 창설을 위해 노력했고,
한국광복군의 병력 증강 및
훈련에 크게 기여했습니다.

박찬익
임시정부의 국무위원.
중국 국민당 정부의 지원을 이끌어내는 등
중국과의 외교에 가장 앞장섰습니다.

조완구
임시정부의 국무위원이자 재무부장.
임시정부 초기부터 광복을 맞이할 때까지
여러 고난 속에서도
묵묵히 임시정부를 지켜왔습니다.

민필호
임시정부의 판공실장.
충칭 임시정부의 청사 이전 및
광복후 임시정부 요인들의 환국과
충칭의 교포들을 보호하기 위해 노력했습니다.

차리석
임시정부의 국무위원, 국무위원회 비서장.
독립신문의 기자 생활을 거쳐,
임시정부의 의정, 행정분야 등
다방면에서 활동했으며,
임시정부의 통합을 위해 노력했습니다.

최동오
임시정부의 임시의정원 부의장, 법무부장.
중국 영토에서
한국광복군의 자주성 확보를 위해
노력했습니다.

홍진
임시정부의 임시의정원 의장.
조선의 검사였으나,
나라가 강제 합병되자
독립운동에 뛰어들었습니다.
좌우 독립운동세력에게
두터운 신임을 받았습니다.

신익희
임시정부의 내무부장.
임시정부에서
중국과의 외교와 선전에 힘썼으며,
광복 후에는 국회의장을 지냈습니다.

조소앙
임시정부의 국무위원이자, 외무부장.
임시정부의 건국강령인
삼균주의를 창시했고,
카이로 선언과 포츠담 선언에서
한국이 독립을 보장 받는데
큰 역할을 했습니다.

성주식
임시정부의 국무위원.
김원봉과 함께 무장독립운동을 진행하다
임시정부에 합류하였습니다.
광복 후에도 좌우합작에 힘썼습니다.

김원봉
임시정부의 국무위원, 군무부장,
한국광복군 부사령관.
의열단을 조직해,
국내의 일본 수탈 기관 파괴, 요인암살 등
무장독립운동을 했습니다.

유림
임시정부의 국무위원.
임시정부의 입법 활동에 활발히 임하였습니다.

장건상
임시정부의 국무위원.
의열단 활동 등 무장독립운동을 벌였으며,
임시정부와 조선독립동맹의
좌우합작 대동단결 협상을 위해 힘썼습니다.

최석순
임시정부의 문화부장.
일본 순경으로 위장하여,
독립운동가들을 도운것으로 유명합니다.

이동녕
임시정부의 대들보같은 존재.
임시정부 창립부터,
임시정부의 주석, 국무령,
임시의정원 의장을 지냈습니다.

이승만
임시정부 초기의 대통령.
주로 미국에서 외교독립운동에 집중하였습니다.
1925년에 탄핵을 통해
대통령직을 박탈당한 이후에도
미국에 머물며 외교활동을 이어갔고,
광복 이후 대한민국 제1, 2, 3대 대통령을
역임했습니다.

문창범
임시정부 초기의 교통총장.
3.1 운동이 일어나자,
러시아 지역에서 독립선언서를 발표하고,
만세운동을 이끕니다.

이동휘
대한제국의 군인이자, 독립운동가.
임시정부의 초대 국무총리로
다른 임시정부 요인들과의
의견 대립으로 탈퇴한 이후,
고려공산당을 창당했습니다.

윤기섭
임시정부의 생활위원회 위원장.
독립운동가와
그들의 가족의 생활을 관리했으며,
광복 후에도
임시정부 요인들의 귀국을 위한 일을
마무리하고 한반도로 돌아왔습니다.

이상만
임시정부의 회계검사원장.
임시정부의 회계를 담당하고,
다른 나라에 임시정부가 인정될 뿐만 아니라,
지원을 받기 위해 노력했습니다.

김성숙
임시정부의 국무위원.
김원봉과 함께 조선의용대를 조직하였으며,
임시정부의 단결을 위해 힘썼습니다.

조경한
임시정부의 국무위원.
한국광복군 총사령부에서 일하기도 했습니다.
광복 후에는 국회의원이 됩니다.

엄항섭
임시정부의 선전부장.
임시정부 초기부터 궂은 일을 맡아했고,
김구의 수족 같은 역할을 했습니다.

박용만
임시정부 초기의 외무총장.
미국과 중국에서 독립운동을 하였습니다.
'대조선국민군단'을 창설하여,
군사 훈련을 실시하는 등
그는 독립군을 키워,
일본을 몰아내야 한다고 했습니다.

신규식
임시정부 초기의 법무총장.
대한자강회, 대한협회 등에서 활동하였습니다.
중국의 신해혁명에도 가담하였습니다.
중국에서 대한민국 임시정부가
독립운동을 계속할 수 있도록
외교적으로 노력했습니다.

손정도
임시정부 초기의 임시의정원 의장.
김철, 김구 등과 의용단을 조직하여
무장독립운동을 전개하였습니다.

노백린
임시정부 초기의 군무총장.
평생 무장독립운동을 한 군인으로,
독립군 육성을 위해 헌신했습니다.
특히 미국에서
최초의 항일 비행사 학교를 설립했습니다.

백범 김구 선생의 자동차

차량번호 '2331'은 성함의 '구'자를 숫자 네 개로 나눈 것으로 알려져 있습니다.

광복 후 타시던 차로, 하나 된 민족과 나라를 향한 발걸음을 함께했습니다.
1948년 4월, 평양에서 열린 남북연석회의에 평화와 통일을 위해
38선을 넘어 김구 선생과 함께 북으로 갔습니다.

미국 제너럴 모터스의 뷰익

독립운동을 도와준 외국인들

장제스
중국의 정치가.
대한민국 임시정부를 인정하며,
임시정부의 피난과 한국광복군 양성,
훈련 등을 적극 지원하였습니다.

추푸청
중국의 정치가, 사회 활동가.
자싱에서 김구의 피난과 도피를 도우며
적극 후원하였습니다.

쑹메이링
중국의 정치가.
카이로 회담에서 장제스를 수행해,
통역하였으며,
임시정부를 금전적으로 지원하였습니다.

주자화
중국의 정치가.
한국광복군 창설 지원 및
물질적 원조를 했습니다.
대한민국 임시정부 승인을
장제스에게 건의하였습니다.

저우언라이
중국의 정치가.
3.1 운동을 지켜보며
조선에 많은 관심을 가졌습니다.
황푸군관학교에 재직 당시
조선인 독립운동가들과 친해졌으며,
많은 조선인 제자를 두었습니다.

조지 애쉬모어 피치
미국의 선교사.
윤봉길 의거를 지원했으며,
중국에 대한민국 임시정부 승인을
위해 활동하였습니다.

왕보슈
중국의 폭탄 기술자.
한인애국단의 의거활동을 위해
폭탄을 제조, 지원하였습니다.

쑨커
중국 신해혁명을 일으킨 쑨원의 아들이자,
정치가.
대한민국 임시정부를 지원하였습니다.

윤치
중국의 군인.
한국광복군을 조직하고
훈련하는 것을 지원하였습니다.

청궈푸

우톄청

인물 생애 중심 세계사 연표

1875　1880　1890　1895

대한민국

조선왕조 1392-1897

- 1875 운요호 사건
- 1876 강화도조약 조인
- 1882 미국과 수호통상조약 체결
  - 임오군란
- 1883 영국과 수호통상조약 체결
  - 사립 근대학교 원산 학사 설립
  - 보빙사절단,
  - 보스턴 기술공업 박람회 참가
- 1884 우정총국 설립
  - 러시아와 수호통상조약 체결
  - 갑신정변
- 1886 프랑스와 수호통상조약 체결
- 1892 동학교도 전라도 삼례 집회
- 1893 동학교도 보은 집회
- 1894 동학농민군 봉기
  - 전주화약
  - 갑오개혁
  - 청일전쟁
- 1895 을미사변
- 1876 강화도조약 조인
  - 단발령 공포
  - 을미의병
- 1896 아관파천
  - 독립 협회 설립
- 1897 대한제국 선포
  - 광무개혁
- 1898 관민 공동회 개최
- 1899 경인선 개통

백범 김구
1876 - 1949

- 1876 (1세)
  - 황해도 해주 출생
  - 어린 시절 이름: 창암
- 1892 (17세)
  - 황해도 향시에 응시, 낙방
  - 매관매직의 현실을 보고
  - 과거공부 중단
- 1893
  - 동학에 입도.
  - 이름을 창수로 바꿈
- 1894 (19세)
  - 황해도 동학농민군
  - 선봉장으로 해주성 공격
- 1895 (20세)
  - 청계동 안태훈 진사에게 의탁
  - 스승 고능선 만남
  - 김이언 의병부대에 참가
- 1896
  - 안악 치하포에서 명성황후 시해에 대한
  - 복수로 일본 육군 중위 쓰치다 처단
  - 사형선고, 고종 황제 특사로 형 집행정지
- 1897
  - 감옥에서 서양학문 공부
- 1898
  - 탈옥 후 삼남지방으로 피신
  - 공주 마곡사의 승려가 됨
- 1899
  - 승려생활을 마치고 해주로 귀향

아시아

중국	청 1616-1912
일본	메이지 1868-1912
인도	인도 제국 1858-1947

유럽

영국	대영제국 1497-1997
프랑스	프랑스 제3공화국 1870-1940
독일	독일 1871-1918
이탈리아	이탈리아 1861-
러시아	로마노프 왕조 1613-1917

북아메리카

미국	미국 1776-

1900　　　　1905　　　　1910　　　　1915

대한제국 1897-1910

1900 만국 우편 연합 가입	1905 일본, 독도 강제침탈	1910 경술국치, 조선총독부 설치	1917 러시아, 소비에트 정부 수립
1904 러일전쟁	을사늑약 체결	안명근, 군자금 모집하다 체포	1918 제1차 세계대전 종전
한일의정서 조인	을사의병	토지조사 사업 실시	미국 윌슨 대통령,
	1906 일본, 조선통감부 설치	1911 일본, 안악사건으로 독립운동가 검거	14개조 평화원칙 발표
	대한 자강회 결성	일본, 105인 사건 조작	1919 고종 승하
	1907 헤이그 특사 파견	중국, 신해혁명	3.1 운동
	신민회(항일비밀결사) 조직	1914 제1차 세계대전 발발	상하이 대한민국 임시정부 수립
	대한제국 군대 해산		
	정미의병		
	고종 황제 강제 퇴위		
	국채 보상 운동 시작		
	1908 동양척식주식회사 설립		
	서울 진공 작전		
	1909 안중근, 이토 히로부미 처단		
	기유각서		
	남한대토벌 작전		

1900 (25세)	1905 (30세)	1910 (35세)	1915 (40세)
이름을 창수에서 구(龜)로 바꿈	에버트 청년회 전국대회 참가	신민회의 참석, 도독부 설치,	가석방
	을사늑약 파기 청원 상소 등	만주 이민, 무관학교 창설 결의	
1903	구국운동		1917
기독교에 입문		1911	동산평 농장 농감,
장련읍 사직동의 장련학교 근무	1906	안악사건으로 체포,	학교설립,
	최광옥과 함께 안악면학회 조직	징역 15년 선고,	소작인 계몽
1906		서대문 형무소 수감	
장련에 광진학교를 세움	1907		1919
	신민회 가입	1914	중국 상하이로 망명
		이름을 구(九)로	대한민국 임시정부 경무국장
	1909	호를 백범(白凡)으로 바꿈	
	서명의숙, 양산학교 교사		
	해서 교육 총회 조직, 학무총감		
	1909		
	황해도 일대 계몽운동		
	재령 보강학교 교장		

중화민국(국민당정부) 1912-

　　　　다이쇼 1912-1926

바이마르 공화국 1919-1933

인물 생애 중심 세계사 연표

	1920	**1925**	**1930**	**1935**
대한민국	대한민국 임시정부 1919-			
	1920 일본, 산미 증식 계획 　　　봉오동전투, 청산리전투 1922 상하이에서 국민대표회의 개최 1923 일본 관동대지진, 조선인 대학살	1925 임시정부, 국무령제로 개헌 1926 6.10 만세 운동 1927 신간회 조직 1928 장제스, 중국 국민정부 주석 취임 1929 원산 총파업 　　　광주학생운동	1931 만주사변 1932 상하이사변 　　　만주국 성립 　　　임시정부, 항저우로 이동 　　　한국대일전선통일동맹 조직 1933 일본, 국제연맹 탈퇴	1936 손기정, 베를린 올림픽 마라톤 우승 1937 중일전쟁 발발 　　　중국 국민당, 충칭으로 수도 이전 1938 일본, 국가총동원령 공포 　　　김원봉, 조선의용대 조직 1939 제2차 세계대전 발발
백범 김구 1876 - 1949	1922 (47세) 임시정부 내무총장 한국노병회 조직, 초대 이사장 1924 임시정부 노동국총판 겸임	1926 (51세) 임시정부 국무령 1927 임시정부 국무위원, 내무장 1928 『백범일지』 집필 시작 미주 교포들에게 편지 보내기 실시	1930 (55세) 한국독립당 창당 임시정부 재무장 1931 한인애국단 창단 1932 이봉창, 일본 천황 히로히토에게 수류탄 투척 윤봉길, 상하이 훙커우 공원 의거 상하이 탈출. 자싱, 하이옌으로 피신 1933 난징에서 장제스와 회담 낙양군관학교 한인특별반 설치 1934 난징에 한국특무대독립군 조직	1935 (60세) 임시정부 국무위원 한국국민당 조직 1937 한국광복운동단체연합회 결성 1938 창사에서 이운환의 저격으로 부상 1939 김원봉과 좌우합작 '동지, 동포 제군에게 고함' 발표 7당 통일대회 개최
아시아 중국				
일본				
인도	인도 제국 1858-1947			
유럽 영국				대영제국 1497-1997
프랑스	프랑스 제3공화국 1870			
독일		독일 1871-		바이마르 공화국 1919-1933
이탈리아			이탈리아 1861-	
러시아			로마노프 왕조 1613-1917	
북아메리카 미국				미국 1776-

1940 1945 1950

대한민국

1940 일본, 창씨개명 실시
　　　일본·독일·이탈리아 삼국동맹 결성
　　　임시정부, 충칭으로 이전
1941 일본, 진주만 공습으로
　　　태평양전쟁 발발
1942 좌파진영, 임시정부에 참여
1943 이탈리아, 연합국에 항복
　　　미국·영국·중국,
　　　카이로회담에서 한국 독립문제 논의
1944 연합군, 노르망디 상륙작전
　　　일본, 조선인에 대한 징병제 시행
　　　여운형, 조선건국동맹 결성

1945 미국·영국·소련 얄타회담 개최
　　　독일, 연합국에 항복
　　　미국·영국·중국 포츠담선언
　　　일본, 무조건 항복, 제2차 세계대전 종결
　　　모스크바 3국 외상 회의, 한국 신탁통치 결의
1946 제1차 미소공동위원회 개최
　　　여운형, 김규식, 좌우합작운동 추진
　　　이승만, 정읍에서 남한 단독정부 수립 발언
　　　남조선과도입법의원 개원
1947 제2차 미소공동위원회 개최
　　　한국문제, 유엔에 이관
　　　유엔 감시하 한반도 총선 실시 가결
1948 유엔 소총회, 5.10총선거, 대한민국정부 수립,
　　　반민족행위특별조사위원회(반민특위) 설치
1949 이승만 정권, 반민특위 습격
　　　중화인민공화국 수립, 장제스와 국민당 정부 대만으로 이동

1940 (65세)
민족진영 3당 통합 한국독립당 결성
한국광복군 창설
임시정부 헌법 개정, 주석으로 선출

1941
임시정부, 대한민국건국강령 발표
임시정부, 일본에 선전포고

1942
임시정부,
조선의용대를 한국광복군에 편입

1943
장제스와 회담. 카이로회담에서
한국 독립 지원 요청

1944
임시정부 주석으로 재선
좌우합작 연합정부 수립

1945 (70세)
임시정부, 독일 나치정부에 선전포고
한국광복군 OSS 훈련
시안에서 미국 도너번과 한국광복군 국내진입작전 합의
일본 항복 소식을 들음
'국내외 동포에게 고함' 발표
27년만에 환국
임시정부 환국 환영대회 참석
신탁통치반대국민총동원위원회 조직

1946
주한미군사령관 하지와 담판
비상국민회의 구성
남조선국민대표민주의원부의장
한국독립당 중앙집행위원장
한국독립당, 남한 단독정부 수립 반대담화 발표
이봉창, 윤봉길, 백정기 3의사 유해를 효창원에 안장
좌우합작 7원칙 지지성명 발표

1947
건국실천원양성소 설치
『백범일지』출간

1948
평양에서 남북연석회의 참석

1949(74세)
백범 학원, 창암 학교 개원
경교장에서 안두희 총격에 의해 서거

	중화민국(국민당정부) 1912-	만주국 1932-1945	중화인민공화국(중국)1949-
	다이쇼 1912-1926	쇼와 1926-1989	
			인도공화국 1950-
		나치 독일 점령 1940-1945	프랑스 제4공화국 1946-1958
	바이마르 공화국 1919-1933	나치 독일 1933-1945	동독, 서독 1945-1990

소련 1922-1991

초판 1쇄 펴낸 날 2022년 5월 27일

지은이 권동현 | **펴낸이** 홍정우 | **펴낸곳** 코알라스토어
책임편집 김다니엘 | **편집진행** 차종문, 박혜림 | **디자인** 이예슬 | **마케팅** 육란
주소 (04035) 서울특별시 마포구 양화로7안길 31(서교동, 1층)
전화 (02)3275-2915~7 | **팩스** (02)3275-2918 | **이메일** brainstore@chol.com
등록 2007년 11월 30일(제313-2007-000238호)

ISBN 979-11-88073-92-4 (73910)
ⓒ 코알라스토어, 권동현, 2022

*코알라스토어는 브레인스토어의 유아 • 아동 브랜드입니다.
이 책은 저작권법에 따라 보호받는 저작물이므로 무단전재와 무단복제를 금하며, 이 책 내용의 전부 또는 일부를 이용하려면 반드시 저작권자와 코알라스토어의 서면 동의를 받아야 합니다.

'비주얼 스토리텔링'으로
위인들의 이야기를 만나보자

"한 장, 한 장 넘길 때마다 우와~"
생동감 넘치는 그림 속에서 '김구'가 살아있다~!

**'대한민국 임시정부'는 어떤 모습이었을까요?
고난과 역경 속에서도 희망을 잃지 않았던,
독립운동의 역사 속으로 떠나보자!**

김구 선생님은 우리 민족이 가장 힘들었던 시기에 태어나,

평생 민족을 위해 헌신하며 살았습니다.

동학운동에도 참가했고, 교육자로서 계몽운동도 진행했고,

대한민국 임시정부가 세워진 이후로는

임시정부에서 독립을 위해 수많은 고난과 역경을 이겨냈습니다.

광복 이후에는 분열된 조국을 통일하기 위해 인생을 바쳤습니다.

김구 선생님뿐만 아니라

선생님의 가족까지도 힘든 나날을 보내면서도

그토록 바라던 한민족 국가는 이뤄지지 못했지만,

김구 선생님의 꿈은 여전히 우리가 나아가야 할 방향을 알려주고 있습니다.

혼돈의 시기였던 조선 말기 개항기부터 민족의 암흑기였던 일제 강점기를 거쳐

그토록 바라던 광복, 민족끼리 갈등했던 광복 이후의 시기까지.

조국과 민족을 위해 한평생을 바친

김구 선생님의 모든 것을 그림으로 만나보세요.

ISBN 979-11-88073-92-4 (73910) 값 15,000원